Marsilio NODI

Marcello Veneziani

# L'amore necessario

La forza che muove il mondo

Marsilio NODI

Prima edizione: novembre 2023
ISBN 978-88-297-2015-6
www.marsilioeditori.it
Realizzazione editoriale: Valeria Bové

# Indice

## Preambolo
## IO AMO IO
*In questo mondo disamorato e narciso*

È pericoloso l'amore, più pericoloso dell'odio. Ed è spaventoso l'amore, più spaventoso dell'odio. Suscita panico e smarrimento l'amore, a differenza dell'odio che è fin troppo indirizzato e determinato. Rimette in gioco te stesso e il mondo intorno, l'amore, più dell'odio. È potente, l'amore; l'odio è prepotente.

Odiare è più facile. Viviamo in un mondo esacerbato, pieno di rancori e di vecchi, e i due fattori s'intrecciano; è più facile l'odio, viene più spontaneo nella chimica dei nostri giorni, soprattutto il rancore, quando si è vecchi. Bisogna sforzarsi d'amare se vogliamo star bene, far bene e ricevere amore.

Odiare scarica il male sul prossimo e riempie di sé, è un alibi rassicurante, è facile il suo esercizio, esenta da ogni responsabilità personale, localizza il male in un agente esterno e ostile a noi e lo riversa su quel fattore maligno. Invece l'amore, quando è davvero amore, carica il bene sulle proprie spalle e svuota l'io di se stesso. Quando arriva davvero l'amore, sgomenta, impaurisce, come l'apparizione improvvisa di un dio e di un fato imprevisto e ignoto.

L'amore mette in pericolo il possesso, è incompatibile con la pigrizia, l'inerzia, l'accidia. Ti fa sporgere oltre il davanzale, ti fa varcare la soglia, oltrepassare la linea di cautela. Amare è rischiare. Chi ama vive pericolosamente. Mette in gioco tutto se stesso, saltano i dispositivi di sicurezza.

*L'amore è la sola schiavitù che rende liberi*; se sai amare, se doni prima di ricevere e se ami a prescindere da quel che potrai ricavare, l'amare ti porta alla libertà tramite la dedizione. L'amore esula dal regno dei mezzi, punta al regno dei fini.

Il contrario dell'amore non è l'odio, che è un amore traviato, una sua sottospecie inacidita, ma l'indifferenza, che raggela, isola e isterilisce. Nell'odio l'altro è ancora davanti a te, seppure in chiave nociva, nutri ancora un sentimento, seppure nella forma del risentimento; nell'indifferenza invece sparisce. Cadi nell'accidia.

Senza amore non è possibile il mondo e nemmeno la vita. Perciò l'amore non è solo una possibilità ma una necessità, cosmica e individuale. Andiamo a conoscere la dantesca «prima radice dell'amore», i suoi rami e i suoi frutti.

Qui tratteremo d'amore nell'epoca del disamore globale. Parleremo d'amore ben sapendo che sta venendo meno nella nostra epoca, per aridità, egocentrismo e assenza di slanci ideali. Salvo una patina o, peggio, una glassa d'amore in superficie.

Senza amore non hai più voglia di vivere e hai più paura di morire. Il disamore si fa rancore, invidia sociale, rabbia ma soprattutto disinteresse; per dirla in gergo corrente ma esaustivo: non gliene frega più niente di niente a nessuno.

Formula efficace per riassumere la totale assenza di amore che ci circonda e ci investe.

Si può pensare e parlare d'amore, pronunciare e scrivere la parola solenne e maiuscola anche quando sembra svanito, remoto dalla sua fiammata possente? Lo vedremo. È temibile evocare la sua energia, pronunciando la parola amore; se lo chiami poi arriva, ti prende, ti coinvolge, a volte ti travolge, anche fuori tempo massimo, e perfino fuori luogo, e ti ritrovi spaesato dentro l'amore quando pensavi di tenerlo a bada e a distanza. A dir la verità, oggi è più facile morir d'inedia e anoressia amorosa, cioè d'assenza e astinenza d'amore, piuttosto che del suo contrario.

Nonostante la retorica pervasiva sull'amore, c'è scarso amore nel mondo e nel nostro tempo. È largo l'abuso corrente di richiami all'amore, alle sue estensioni e ai suoi nomignoli correnti: diventa intercalare universale, anche in forma contratta, per rivolgersi pure ad amici occasionali, animali e avventori di prostitute. Quando tutto è chiamato amore, l'amore perde senso e profondità; come accade con l'amore per l'umanità. Se l'amore si fa generico, smette di essere amore. Tutti fratelli, nessun fratello.

Non sappiamo se un tempo l'amore fosse più vivo, più diffuso e presente; forse sì, magari era più forte e impetuoso anche l'odio. Ma sappiamo che l'amore scarseggia in questo momento storico, o sopravvive solo nei suoi surrogati o ai margini. Si ama nonostante. L'amore comporta dedizione, gioia, sacrificio, attenzione al mondo e agli altri; e tutto ciò difetta nella nostra epoca. Viviamo in un mondo disamorato che pure professa amore universale, a partire dai remoti e gli ignoti; che ama gli animali, le piante e il pianeta; vagheggia amori nomadi di passaggio o dipendenze travestite d'amore e proclama l'amore libero, senza limiti, senza vincoli di tempo, di natura, di sesso e di famiglia. Ma l'amore non è libero, perché la sua legge elementare è il vincolo, spontaneo e inevitabile. Può liberare, l'amore, ma in sé non è libero: è necessario, invece. E quando dici che l'amore è necessario non sminuisci l'amore, non lo confondi con un bisogno impellente ma ne cogli l'incomparabile grandezza, la sua centralità insostituibile nella vita, la sua prossimità con il destino. L'amore libero passa, soggetto alle labili volizioni della vita; l'amore necessario resta perché investe l'Essere e non il volere, è il fondamento del mondo e la più alta motivazione del nostro essere al mondo. L'amore libero viaggia come farfalla di fiore in fiore, si posa, si sposa, si risposa, si sposta. L'amore libero è infinito plurale, si scrive amore libero, si legge amori liberi, volatili.

Ma l'amore può rendere liberi. L'amore vero esige legami, richiede premure, pone l'innamorato al servizio del suo amore, e se cresce esige sempre più. L'amore è cura. La vita nasce dall'amore, conosce per amore, si unisce per amore, finisce quando l'amore se ne va. L'amore si fa libero quando la tua libertà coincide con la necessità, quando la tua mente ha coscienza della necessità e la volontà combacia con la necessità. Allora si è *necessariamente liberi*, in piena coscienza e volontà.

Per amor di verità, dobbiamo riconoscere che anche l'amore nella sua forma più nota e comune, l'amore tra due persone – un tempo si sarebbe detto tra un uomo e una donna –, è troppo spesso un nome fittizio, se non abusivo, per indicare altre forme di relazione; nate dal possesso, dal bisogno, dall'interesse, dal prestigio, dall'attrazione, da oscure pulsioni e morbose passioni, non solo sessuali. Spesso nell'amore si celano forme riflesse o deviate di egocentrismo, di narcisismo: amare se stessi tramite l'altro. Amori specchio. Sono tanti, troppi i raggiri che si nascondono sotto il generoso ombrello dell'amore. E se l'amore è un trasporto intenso e duraturo verso una persona che sentiamo unica e insostituibile, e a cui dedichiamo speciale attenzione, quanti amori corrispondono pur vagamente a questa definizione? Ma accettiamo, alla fine, per realismo e per non ergerci a giudici senza averne alcuna autorità, l'idea che in fondo l'amore sia metamorfosi, abbia molteplici forme e diversi moventi. Va considerato amore ogni rapporto che i protagonisti ritengono tale. Il parametro dell'amore è negli amanti e non in una misura oggettiva, fuori di loro. Però, anche nella prima sede d'amore, tra due persone, la nostra resta l'epoca del disamore, nonostante l'abuso di espressioni amorose e la sua estensione sconfinata: il noi lascia il posto all'io.

Nell'epoca del disamore, stiamo gradualmente perdendo amore per i regni che costituiscono la nostra vita, il nostro sapere, le nostre esperienze. Abbiamo perso l'amore per la storia, assorbiti come siamo dall'infinito presente globale. Abbiamo perso l'amore per il pensiero, inutile esercizio di meditazione in un'epoca dove vige l'agire tecnologico, finalizzato all'utile e alla performance. Abbiamo perso l'amore per la religione, e per il suo fulcro, la fede, antiquata congettura che si addice a epoche oscure, senza scienza. Abbiamo perso l'amore per l'arte, di cui ogni giorno si proclama la morte o l'esalazione, da quando l'arte si è riversata nella vita o si è rinchiusa nelle intenzioni soggettive dell'autore; e ogni vita si considera opera d'arte, e ogni opera d'arte è solo manifestazione del soggetto, inscenare la propria vita o quella della propria mente, dei propri desideri. Abbiamo perduto l'amore per la tradizione, e in genere per tutto quanto si trasmette nel tempo, continua, perdura, perché considerata una residuale obsolescenza del tempo andato e un freno al mutamento e al volere soggettivo, anche se la tradizione, come la mutazione, è fluida e scorrevole. Abbiamo perso l'amore per la famiglia e per ogni comunità, conta solo il soggetto singolo; anche i partner, i figli, vivono della loro volubile soggettività di un imperativo assoluto, *star bene con se stessi*. Il Bene è stare bene con se stessi, recita il catechismo del presente; il resto del mondo è cornice e sfondo, in sovrappiù; è superfluo o d'ostacolo, se non nocivo o invasivo.

La filiera degli amori perduti potrebbe proseguire a lungo, inoltrarsi in tanti ambiti laterali, secondari, e in tanti rivoli minori. Il processo è globale e tentacolare, si sfilaccia la tessitura del mondo, le sue amorose corrispondenze e la sua sequenza; a ogni disamore ne segue un altro, un disamore ne prepara un altro. Anche quando pensiamo che siano ambiti diversi, estranei o addirittura antagonisti, la filiera è la stessa: se perdi un amore poi ne perdi un altro, perché, quando spezzi il filo della collana, ogni grano si sfila e rotola per conto suo.

Quel che tramonta è una civiltà, e diciamo civiltà per non dire più vastamente umanità. Il disamore di civiltà conduce infine alla disumanità, ovvero all'affermazione di ciò che non è più umano. Senza amore si prospetta un futuro da tecnobestie artificiali. L'amore garantisce la nostra umanità. Viviamo la perdita d'amore; avviene con una rapidità che non lascia il tempo di sconcertarsi, tanto è repentina, automatica e inconsapevole l'accelerazione. Appare lenta, l'emorragia d'amore, se la paragoniamo ai giorni della vita nostra; ma è veloce se la compariamo al tempo che c'è voluto per radicare, stratificare, consolidare quegli amori. Decenni, secoli, millenni perfino. Generazioni su generazioni. Tutto viene bruciato, dissipato in breve; al paragone con la lunga durata, tutto sembra incenerirsi e degradare in un attimo, i lunghi attimi della storia.

Stanchi dell'uomo, gli umani inclinano verso il vegetale, l'animale, il silice, l'artificiale. Una specie d'amore è rivolta al clima e all'aria o al pianeta, o al cane, al gatto, all'orso, allo smartphone, agli accessori o al robottino; l'umano è d'ostacolo, fastidio o residuo tossico, di cui prima o poi, finalmente, il pianeta si libererà. E tireremo un sospiro di sollievo. Da morti.

Se proprio si deve amare qualche umano, che sia il più lontano possibile da casa nostra, dalla nostra civiltà e dalle sue deprecabili eredità, identità, tradizioni. *Smart-loving*, amare da remoto l'umanità in generale, non gli uomini in particolare. Abbraccia gli alberi, bacia il cagnolino, fai l'amore al telefono, lasciati coccolare da Netflix o da Glovo, ordina l'amore sul sito, Amazon, l'amore a domicilio… Scherziamo, è ovvio, e come ogni scherzo si esagera. Ma le caricature non negano la realtà, la portano solo all'eccesso.

Il disamore uccide l'Essere, ne cancella le tracce nella vita, nei rapporti umani, nella relazione col mondo come nella storia, nell'arte, nella poesia, nel pensiero. Disamore è distaccarsi, cioè disconnettersi, disattivare; perdere coesione e slancio, perdere campo, qualcosa si disgrega e declina.

Come rappresentare l'epoca del disamore? Con l'aridità. O con il gelo, come per congelare gli ovuli, gli spermatozoi o le vite morenti che si ibernano per rinviare la morte e sperare in un rimedio futuro. L'aridità e il gelo producono l'*impotentia amandi*, che è *coeundi, generandi, vivendi.*

Cosa sostituisce questo collasso progressivo dell'amore? Quali sono, cioè, gli amori surrogati che prendono il suo posto? Gli amori superstiti oggi vigenti sono di tre tipi: l'eccessivo amor di sé, egocentrico e autoreferenziale; un vago amore dell'umanità, come una remota, astratta platea globale; un surreale amore per ciò che non c'è, il virtuale o il frutto mentale dei desideri. Tre tipi d'amore – introflesso, disseminato o irreale – che sorgono dal disamore profondo e radicale. Si perde l'amor concreto per l'altro, l'amore aperto verso l'alto e l'amor vivo della realtà. Tutto alla fine ruota intorno a una sorta di egoarchia universale e circolare: «Io amo Io». Formula partorita davanti a uno specchio, come esige, del resto, il narcisismo dell'epoca. Un narcisismo patologico, si dice, ma anche mimetico, metamorfico, che ruota intorno al soggetto, punto di partenza e d'approdo di ogni viaggio nel mondo. La consacrazione simbolica di «Io amo Io» è la cosiddetta «sologamia» o *sologamy*: un'installazione di Elena Ketra al Gazometro di Roma ha figurato una donna che sposa se stessa, con marcia nuziale autarchica. A Kyoto esiste il *self-wedding* per singoli che amano se stessi al punto da prendersi in sposo/a; curano soprattutto «lo stare bene con se stessi». Ma viene giustificato *a contrario* come una forma «d'inclusione» con la motivazione che «amarsi è necessario per poter amare in modo libero ogni altro essere umano».

Plotino, il filosofo della bellezza, mosse una critica *ante litteram* del narcisismo nel III secolo: a suo parere, Narciso è l'esempio di un giovane che distoglie lo sguardo dalla bellezza divina per compiacersi della sua bellezza singola, apparente e transitoria, riflessa nello specchio d'acqua. Oltre Narciso è il mito di Pigmalione che ama una statua inanimata, pratica l'onanismo e infine genera da sé la sua

Galatea, secondo le *Metamorfosi* di Ovidio. Ma, a differenza di Narciso che non riesce ad amare Eco, Pigmalione almeno ama la sua creazione.

«Io amo Io» è la formula a specchio del Disamore verso tutto ciò che non è riconducibile a Io, ai suoi desideri e vantaggi e al suo circolo vizioso che va da Io a Io. Quella specie di amore che occlude, relativizza e sostituisce ogni altro, anche se si copre dell'alibi inverso. Non avrai altro amore all'infuori di te; crolli il mondo, il cielo e la terra, l'importante è l'io e la sua *imago* (nella *gallery*). Tutti gli altri amori sono deperibili nel tempo, fragili e passeggeri, soggetti a mutazione. Quel che non finisce è l'amore di Io per Io, unico Bene supremo. Gli amori finiscono, sono revocabili se non corrispondono più all'Io, se non sono più utili, funzionali, terapeutici all'Io in cura di sé.

L'amore è cancellato nell'egoismo assoluto, o nell'egolatria; anche se è possibile immaginare pure nell'amor di coppia il formarsi di una specie di egoismo a due piazze, un egoismo biposto.

C'è una precisa e inevitabile, fatale sequenza che discende da questo amore di Io per Io. L'individualismo è la filosofia sottostante, il soggettivismo è il fondamento gnoseologico, l'egoismo la sua proiezione etica, l'egotismo la sua espressione morale, l'egocentrismo la sua rappresentazione cosmica, il narcisismo la sua versione estetica e riflessa, l'isolamento il suo naufragio sociale, il solipsismo il suo approdo mentale. La parabola disegna un monoteismo disceso in terra, identificato con l'io, leggibile anche nella versione di monoateismo.

In ogni civiltà vigorosa, l'energia amorosa viene non solo incanalata, educata e ritualizzata nelle forme spirituali, comunitarie e procreative dell'amore, ma le sue pulsioni vengono spostate e riversate su nuove mete. È quella che Sigmund Freud chiama sublimazione, espressione alchemica in uso nel Medioevo per indicare il passaggio di una sostanza dallo stato solido allo stato gassoso, quasi una purificazione. La sua applicazione all'impulso amoroso non nasce con la psicanalisi, ma, come vedremo, risale a Platone. Non dunque solo un freno, una repressione, ma una conversione. Nella società del disamore, accade invece l'opposto: la carenza affettiva e amorosa viene compensata con i cibi, il lusso, il vestiario, i consumi, gli animali, gli oggetti, i farmaci, la fama. La sublimazione è un processo che tende verso l'alto e innalza il livello di una civiltà, il risarcimento invece cerca sostituzioni in basso e così trascina verso il basso il livello di una società e della vita.

I nemici dell'amore a questo punto si riconoscono meglio in questa parabola: l'utile, il profitto, il risparmio, l'autosufficienza, il predominio, l'ipocondria. Gli strumenti tecnologici del nostro tempo svolgono la funzione di amplificatori dell'Io, a partire dallo smartphone, che è lo scettro sovrano della nostra epoca, mezzi che stabiliscono un ponte tra l'Ego e il Globale, senza gradini intermedi. L'io viene potenziato e lanciato nel mondo e il mondo è una cornice, un display e un'app per il nostro io smisurato, infinito ma agli arresti domiciliari nel suo stesso carcere-mondo, il cellulare. Perché la questione non è lo smartphone che entra nella nostra vita, ma la nostra vita che entra nel telefonino; compresa, esaurita dentro le sue funzioni, i suoi dati, la sua memory card. Ogni relazione con gli altri e con il mondo tende a farsi funzionale all'Io che ama se stesso; tutto ciò che esula da questo compito, o che trascende questa egocentralità assoluta e preminente, viene via via smantellato, rimosso, cancellato. Ciò che non porta acqua al mulino dell'io è visto come il negativo che c'incatena, da cui emanciparci. Ogni cosa che ci pone altri orizzonti che superano il nostro io diventa ostacolo. La liberazione progressiva dal mondo e dai mondi ci conduce alla solitudine, anzi all'isolamento. Che produce quel rapporto squilibrato, disamorato con il mondo, che si ritorce su di noi. E le forme depressive, autodistruttive, suicide che insorgono nella nostra società derivano da quell'Io ferito, fragile come un vetro e facile a ferirti come un vetro rotto, che non regge gli urti o il peso del mondo sulle proprie spalle e se lo scrolla di dosso, gloriandosi di compiere una liberazione. Invece cede, si eclissa negli abissi della malinconia, si ritira dal mondo, ferisce gli altri, si fa del male, fino a sopprimersi. Dietro un suicidio compiuto ci sono mille suicidi annunciati, solo mentali, o dilazionati, a morsi, a rate, dopo aver acceso un mutuo ipotecario sulla propria vita. Un volersi male che si fa complice del male e della malattia. Viviamo nell'epoca del disamore, o dell'amore verso se stessi, pur celato dietro varie astrazioni: l'umanità, il pianeta, il virtuale.

Ma ogni amor di sé è tossico e nocivo? Ci sono forme di amor proprio che effondono benefici, realizzano opere e imprese, giovano agli altri. E altre che sono compatibili con l'amore estroverso. A volte il bene personale coincide con quello altrui o con il bene comune; ci sono persino egoismi più benefici di altruismi sciagurati. Il problema è alla radice: l'amore è relazione e connessione, sposta il baricentro della vita fuori da se stessi, in una realtà più grande, relazionale e imperitura. E nasce dalla percezione della nostra finitudine, imperfezione e mortalità. Il fine della vita non è il singolo frutto ma la pianta, e il suo terreno; poi ci sono frutti deliziosi, scipiti o velenosi. Il tema di fondo è dunque ricominciare non dall'amor di sé ma dall'amore in sé, che è tensione tra l'ideale e il reale, tra il carnale e lo spirituale. Se l'amore oggi è perduto, è perché sono perduti ambedue i mondi, reale e ideale.

«Il principio che anima la società capitalistica e il principio dell'amore sono incompatibili», scrive Erich Fromm nell'*Arte di amare*. Poi mitiga l'affermazione dicendo che la società capitalistica è però in evoluzione. Ma dopo tanti anni la situazione sembra aggravarsi anziché evolversi. L'amore è per Fromm un fenomeno marginale nella società moderna, incompatibile con l'età degli automi e della disintegrazione, della solitudine e dell'egocentrismo: superare il narcisismo è la condizione necessaria per amare.

A voler riassumere il naufragio della libertà umana nel mondo contemporaneo diremo: dall'autonomia all'automatismo, dalla sovranità del soggetto alla sua alienata servitù fino a vivere di riflessi condizionati e prefabbricati. Com'è stato possibile questo capovolgimento nel passare dalla modernità alla contemporaneità? Autonomia era la promessa della ragione adulta, non dipendere più da niente e da nessuno ma solo da se stessi e dalla ragione; automatismo è invece l'approdo alienato tramite la ragione strumentale, il calcolo e il dominio della tecnica. Come è stato possibile questo rovesciamento radicale, quale è stato il viadotto che ha permesso di arrivare dalla sovranità del soggetto alla tirannia del processo? Il passaggio è possibile e spiegabile solo con ciò che precede entrambe: la perdita dell'amore. Senza slanci e vincoli d'amore ti rendi autonomo, senza moti d'amore procedi in automatico e abdichi in favore del meccanico funzionare. Vincono le cose. Chi ama non è autonomo né automa.

Finora chi non si è riconosciuto nel mondo presente ha assunto un atteggiamento da antagonista: difensivo, magari pessimistico, se non piangente. Come se la realtà da affrontare fosse degrado, degenerazione, decadenza. Ma, una volta ammesso che alle origini di questa perdita c'è il disamore, la posizione da assumere, la linea dei pensieri, degli atti, dei comportamenti deve improntarsi in chiave positiva; si tratta di scoprirsi innamorati e praticare l'amore. Sì, innamorati è la parola giusta. Di cosa? Sarebbe generico ma non sbagliato dire della vita, del mondo, della realtà. Alle origini di una possibile rivoluzione che parta da ciascuno di noi e, nella peggiore delle ipotesi, si fermi solo a noi e modifichi solo noi (sarebbe già tanto), c'è la riscoperta dell'amore in ogni ambito e grado che ci sta a cuore. Non si tratta più di deprecare e inveire contro il male che avanza, il disamore che ci fa perdere ogni giorno un pezzo della nostra vita. Si tratta di attivare e riprendere il legame d'amore con le cose che non vogliamo perdere, e che sono minacciate. Innamorarsi e innamorare, partendo da una considerazione d'ordine logico, ontologico e teologico, ma anche pratico, umano e concreto: l'amore è necessario. Chi ne fa a meno rinuncia a vivere e a far vivere, rinuncia a essere.

Con questa riflessione sull'amore necessario portiamo a compimento il nostro viaggio che abbiamo affrontato attraverso tre tappe precedenti di una critica del presente: la disperazione come punto di partenza, anziché punto d'arrivo, è stata la chiave di lettura che proponemmo in *Dispera bene*. Poi affrontammo la *Cappa* che incombe sulla nostra società e soffoca la libertà, la differenza, la dignità e l'intelligenza. Quindi volgemmo lo sguardo dall'emisfero superiore all'emisfero sottostante, quello in cui vivono i sudditi sotto la Cappa, ossia gli *Scontenti*, a cui questo mondo non piace. Dopo la critica radicale del presente nelle sue tre letture precedenti, il cammino approda ora a un orizzonte propositivo, punto di partenza per un viaggio di pensiero e di vita all'insegna della nascita e della rinascita, della scoperta, della fondazione e della fecondazione. Qui sorge l'idea dell'amore necessario, fondamento della vita, progetto a cui dedicarla e in cui ritrovare la propria vocazione e la fiducia nel mondo, lasciando tracce. Ogni volta che, nel corso di queste pagine, insorgerà la tentazione della critica, del disincanto, della sfiducia, ricordiamoci, voi che leggete e noi che scriviamo, che abbiamo dedicato già tante, troppe energie per rilevare e fronteggiare gli aspetti negativi e distruttivi della nostra epoca. Ora è tempo di scorgere le possibilità positive per oltrepassare quest'epoca e il disamore che la percorre. E imbarcarsi nell'amore necessario con lo spirito nascente.

Tratteremo delle nove forme, anzi, dei nove gradi, dell'amore in rapporto con la vita, con chi ami, con la famiglia, con il mondo, con la sapienza, e poi l'amor patrio, l'amore del fato, con l'amor di Dio e l'amor di verità. Torneremo a Platone, che fondò il pensiero dell'amore, per concludere col difficile connubio tra amore e verità, perché l'amore non ama e non dice la verità e la verità ferisce e delude l'amore. E in una gita fuori porta nel tempo in cui viviamo vedremo in appendice l'amore come risposta al dominio dell'Intelligenza artificiale.

Qualcuno potrà obiettare: a che titolo scrivi questo libro sull'amore? È un'obiezione che ci siamo posti subito e che ci ha frenato prima di intraprendere il cammino e cimentarci nell'impresa. Non scriveremmo mai testi di consigli sull'amore, per gli innamorati, le coppie, le famiglie: non avremmo alcun titolo per farlo, a parte la scarsa utilità di quei libretti d'istruzione amorosa. Troppi errori e cattivi esempi, troppe incomprensioni renderebbero del tutto inappropriato il pulpito. Né siamo psicanalisti, terapeuti e operatori di soccorsi amorosi.

A essere sinceri e veritieri, questa riflessione non nasce da esuberanza d'amore, piuttosto da carenza e sopraggiunto disamore, delusione, senilità, inaridirsi dell'impulso amoroso, ferite d'ingratitudine e falsità. Nasce contro la tentazione di chiudersi, spegnersi, sfiorire alla vita, vivere e morire rassegnati al disamore. Un atto di ribellione al buio e al freddo, all'arido e all'acido che ci assedia fuori e ci divora dentro. Un atto di fiducia e di liberazione dalla gabbia dell'io e dell'odio, con un messaggio estremo e chiaro: dedicatevi all'amore, *toto corde*. Forse per noi è troppo tardi ormai, ma per voi, per loro... Sono tanti coloro che avvertono, patiscono la mancanza dell'amore necessario.

Ma il tema vero di questa ascesa in nove tappe è l'amore come forza che muove il mondo, principio di vita e di pensiero. L'esperienza soggettiva conta poco, anzi conta la capacità di distaccarsi dalla dimensione privata, affettiva e individuale, per affrontare un tema che ci porta ben oltre se stessi. Davanti all'amore necessario l'io arretra, svanisce perché avverte che la gloria dell'uno è la ritirata dell'altro, e viceversa. Amare è sporgersi oltre se stessi. È intraprendere un cammino di salvezza in nove gradi. Sono *Prove di salvataggio*, come quelle esercitazioni che si fanno a bordo per trovarsi preparati in caso di naufragio. Trattando della nostra vita, sappiamo che il naufragio non è una ipotesi ma una certezza, almeno nel senso che siamo destinati a morire. Ma le nostre sono prove di salvataggio rispetto alla vita, ovvero esercizi, a vari livelli e su vari campi, per metterci in salvo dal mero funzionare, dal rinchiudersi nell'io e nell'ora, e predisporsi all'annientamento. E per aprirci con intelletto d'amore a ciò che va oltre lo scorrere del tempo. Quando hai la sensazione che tutto stia crollando, non resta che ripartire da ciò che salva, che genera, che origina. Dall'amore necessario.

## Primo grado
## AMOR DI VITA
*L'amore che ci tiene al mondo e lo rigenera*

Amare la vita vuol dire alzarsi la mattina con l'impazienza della luce. Alzarsi dal letto avendo fame del giorno. L'acqua sugli occhi e sulla faccia ti restituisce alla veglia come un rito di benedizione del giorno, il caffè come un gioioso rito breve, che passa dal naso alle orecchie, dagli occhi al tatto della tazzina, infine alla bocca. Un rapido viaggio nei cinque sensi che risveglia l'aroma del giorno.

Poi bere il sole, a sorsi di luce, se la giornata e gli edifici lo consentono; ritrovare una fetta di cielo, sentire l'aria fresca del mattino. E vestirsi e approntarsi, prende corpo la giornata. Il lavoro può essere lieto, noioso, pesante, ma i risvolti danno gusto alla vita. Lungo la giornata piccole gioie riscattano ore più grevi, basta saperle cogliere al volo, viverle ben disposti, spenderle nella corsa delle ore al momento giusto, come pause di ristoro, risarcimenti simbolici, piccoli traguardi. Così accade per le persone che incroci. La giornata ondeggia tra alti e bassi e sul filo lungo della routine si fa monotona, ma amare la vita significa trovare rassicurante quell'ordine che si ripete, e poi trovare gioiosa la variazione, la fessura che si apre talvolta; il duplice piacere del prevedibile e della sorpresa. E negli anfratti un sottofondo musicale come lieve colonna sonora alla vita che la rende più orecchiabile, perfino mitica e sognante in piena veglia. Poi le persone care, le voci gradite al telefono, le promesse di incontri e di ore insieme, gli amori, i corpi che esultano nei loro abbracci rendono amabili le cose che facciamo e danno un garbo all'arco del giorno. Un'opera conclusa, un oggetto riparato, un lavoro portato a termine, una pendenza in sospeso risolta sono piccoli doni alla pienezza del giorno. Come un viale alberato che percorri nell'abbraccio dei rami sulla tua testa. Tutto ciò che comincia apre alla vita, ciò che si porta a conclusione apre invece alla gioia del compimento; una è la retta, che ci dà la gioia del cammino, l'altra è il cerchio che congiunge l'inizio con la fine. Non mancheranno fastidi, dolori e tristezze, la vita non è mai una passeggiata tra petali e profumi; ci sono asprezze, grigiore e forza di gravità, malesseri e malattie. Ma l'impronta alla giornata è data da quella lievità aperta alla curiosità, quel ripetersi che ti conforta, che ti rassicura, quel piccolo seminario di gioie, nuove o ripetute, sparse lungo la noia e la sofferenza. E poi la piccola felicità del mangiare insieme, le delizie della cucina, anche minime, un pane croccante, un vino buono, un sorso d'acqua fresca. E i racconti, i film, le storie, i flussi della vita.

Fa parte dell'amor di vita chiudere la sera con la preghiera. Non per ottenere qualcosa e nemmeno per chiedere perdono per i tuoi peccati: si prega per pregare, il rito è già ricompensa e dolce penitenza, fa bene la preghiera stessa, è lei il dono che porta, è lei che ci solleva dal male e ci giova. Quel contatto con qualcosa che sta più in alto, che ci proietta, ci protegge, ci permette di chiudere bene la giornata e di versare il ricavato in un deposito sicuro e promettente. La preghiera fa bene, chiude il cerchio e riapre la via, restituisce la notte ai cieli, ti fa sentire in alta compagnia, ti sgombra i pesi della giornata. E poi dormire e raccogliere la vita nel riposo, per svegliarsi con rinnovato amor del giorno, misto a curiosità, finché morte non ci separi...

Ho descritto una giornata ordinaria, parlando di cose accessibili a chiunque. Altri potranno aver avuto gioie più grandi, ma già basta quel catalogo ordinario di minime cose, che riguarda i più, non tutti ma i tanti che non vivono né il paradiso né l'inferno, semplicemente la vita, con i suoi chiaroscuri.

Tutto questo per dire che il punto di partenza dell'amor di vita è la vita stessa, quella più ordinaria, più alla portata di tanti. L'amor di vita comincia là, dal piacere dell'inizio, la pienezza delle ore, l'aspettativa delle cose, la gioia della pausa, la ricompensa dell'impegno, la serenità del suo concludersi. La gioia di essere al mondo, di essere nel mondo, di far parte della giornata. Questo significa, nel suo primo gradino, amare la vita e preferirla al suo rovescio che è la morte, il buio, il nulla.

Si prova vergogna a decantare l'amore per la vita davanti a esistenze tragiche e sofferenti, vite povere, affamate, nude. Il pudore verso chi soffre. Ma anche in quei dolorosi raffronti, uno spiraglio d'amore può lenire, mitigare, offrire una sponda di resistenza al male. A volte quella fessura si riduce a vivere negli altri, a consolarsi con la vita d'altri. È già un modo per patire meno, per capovolgere l'invidia in abdicazione d'amore: vivi tu al mio posto visto che io non posso farlo. Vivi e gioisci d'amore riflesso. Facile a dirsi, standone fuori...

Per cominciare chiediamoci: cosa ci spinge a vivere, oltre l'istinto primordiale di autoconservazione? La più diffusa convinzione, aperta e sottintesa, è che la molla principale della vita sia la ricerca della felicità. Soddisfatti i bisogni primari, il bisogno sovrano è essere felici. Ma non si può scambiare l'esito desiderato per il movente. E poi la felicità non è lo scopo universale di ogni vita, c'è chi vive d'altro e aspira ad altro, anche a costo di sfiorare l'infelicità. Che importa la felicità, dice Zarathustra, io cerco la mia opera. Poi c'è chi sogna la felicità ma l'attende a occhi aperti, non attivandosi alla ricerca ma vivendo nell'inerzia, quasi in stato d'abbandono, aspettandola come un dono degli dei o della lotteria del caso.

La domanda resta inevasa e perciò insistente: cosa ci muove a vivere, quale spinta originaria e universale agisce in noi, e talvolta incespica, arranca o si esaurisce, rallentando la voglia di vivere, frenando e fermando l'impulso vitale? L'amore, ci muove l'amore; e quando non ci muove, la vita ci trascina recalcitranti e ci porta dove noi non volevamo. Se ami ti muovi e vai incontro alla vita, se non ami sei mosso, trascinato dalla vita, dalla corrente, dalla morte. L'amore è il ponte tra lo spirito e il corpo, tramite l'anima, la mente, il cuore. La felicità è un risultato; l'amore, invece, è un esordio, non è un prodotto come la felicità, semmai è ciò che la produce. La felicità corona l'amore, è la conquista di una condizione amata. L'amore ne è l'incipit, la molla originaria.

C'è un passaggio misterioso dell'età e della mente in cui il verbo vivere muta nel verbo campare; che è un sopravvivere, tirare avanti a malapena, con fatica e rassegnazione, ed è pur sempre un modo per «scampare» dal male maggiore, la morte. Chi punta a campare non ama. Solo l'amore ci rende vivi e ci sveglia alla vita, ci fa compiere imprese grandi e atti anche minimi. L'amore di giornata, di quel che ci aspettano le ore, il puro camminare nella luce del giorno, il sentirsi vivi e partecipi del mondo. La percezione di essere al mondo, nel mondo, dentro il flusso della vita. Dopo la soglia dei bisogni elementari, dove l'amor di vivere si confonde con l'impulso naturale e primordiale a mantenerci in vita, è l'amore che ci spinge a compiere il resto. Gli istinti primari mettono in salvo la vita, poi ci muove l'amore. È sete di vita, fame di vita, voglia di sesso, di sonno, di luce e di buio, di movimento e di riposo, di relazioni e di legami, di novità e di fedeltà. Assume cento forme, s'incammina in mille direzioni, ma l'amore è il primo impulso estroverso; ci spinge fuori di noi, verso il mondo e gli altri. L'amore ci sveglia, ci fa alzare, ci mette al mondo ogni mattina. L'amore mette incinta la giornata dopo averci sposati con il mondo.

Per chiarirci, a quale tipo d'amore ci riferiamo? Quello tra gli innamorati, quello verso gli amici e i cari, quello verso il mondo o alcune comunità elettive e naturali, l'amore per la natura, l'amore come forza cosmica, l'amore per le nostre passioni? A tutti, senza eccezione, e ad altri ancora. E dunque, a ben vedere, a uno solo, all'amore in sé, come *primo motore mobile* dell'universo come della nostra vita, che si esprime in mille ambiti. In quell'analogia tra il nostro microcosmo e il macrocosmo, già sorge, confortevole, la percezione di appartenere a un più grande ordine, partecipare a un destino. L'amore c'impone un salto, una svolta: cambia la prospettiva, tramuta l'aspettativa, guardata con ottimismo o con pessimismo, in slancio. Non conta l'esito ma il movente. L'amore non soppesa le possibilità di successo o d'insuccesso, si espone, si lancia, senza calcolare i risultati. Intrepido è l'amore.

Invece dell'amore si coglie piuttosto la gratuità e il disordine, lo scompaginare e l'irrompere; l'aspetto singolare, ma anche la sua assoluta e marginale friabilità, quasi evanescenza, come stati leggeri e gassosi che permangono poco, impregnano poco o per poco, e appaiono e scompaiono senza un compiuto cammino d'amore. Il problema è che dell'amore si coglie solo la libertà e non la necessità, che al più viene attribuita all'istinto sessuale. Invece María Zambrano nell'*Uomo e il divino* scrive: «L'amore stabilisce il vincolo, la legge della necessità, e fornisce anche la prima nozione di libertà. Necessità e libertà sono categorie supreme del vivere umano. L'amore sarà mediatore tra di esse. Nella libertà farà sentire il peso della necessità e nella necessità introdurrà la libertà. L'amore è sempre trascendente».

Vedetelo l'amore: sta più in alto di noi, come una dea, e dosa libertà e necessità, sapendo che l'una si sostiene con l'altra, e l'una senza l'altra cade, decade, riduce in schiavitù. Schiavi della necessità o dell'eccesso di libertà, che volge tramite l'anarchia in tirannia, come e peggio della necessità.

Amare è oltrepassare l'io e non finire con lui. «Là dove l'amor si risveglia, muore questo despota oscuro che è l'Io», sentenzia Rūmī.

Nobile e ricca la vita di colui che può davvero dire: ho fatto tutto per amore. Non per interesse, non per rabbia o per rancore, né con indifferenza e inavvertenza, ma per amore, solo per amore. Poi l'amore è polimorfo, muta secondo gli oggetti, i soggetti e le occasioni, assume vari significati su vari piani, ma è il movente più bello e completo che da solo giustifica una vita. Siamo ciò che amiamo.

Sul piano del pensiero, che significa amare la vita? Vuol dire amare l'Essere, preferire l'Essere al non-essere. Innamorato dell'Essere, così Platone definisce il filosofo nella *Repubblica*; innamorato della vita è il suo riflesso mondano. Giacché dell'Essere, diceva l'ultimo Nietzsche, «noi non abbiamo altra rappresentazione che quella del vivere». Il giovane Aristotele detestava la vita; meteco, rimasto presto orfano, nell'*Etica eudemia* scrive che «la migliore di tutte le cose è non nascere e la morte è meglio della vita»; il bene supremo è «morire al più presto». Nella maturità, nell'*Etica nicomachea*, la saggezza del filosofo capovolge la sua visione cupa e sostiene che «la vita è un bene e un piacere per se stesso, come si vede dal fatto che tutti desiderano la vita». Il saggio realismo della maturità induce Aristotele a ritenere che essere sia meglio che non-essere, che l'uomo felice sia la misura di tutte le cose e che siamo fatti per amare la vita. La nostra epoca ha percorso il cammino inverso del filosofo, passando dall'amore per la vita, più consono alla condizione giovanile, alla visione senile, tragica e catastrofica, che guarda in faccia la realtà, liberata dalle illusioni. La più alta filosofia del nostro tempo è tragica e apocalittica; il resto è procedure o soffritto. Ma ogni essere vuole la vita, la difende e la considera un bene in sé. È la nostra propensione naturale. Al pensiero tragico si oppone il pensiero innamorato, nato dalla voglia di essere al mondo. L'amore cerca lo stato nascente anziché volgersi al tramonto. S'innamora della vita, della realtà e dell'Essere, in ogni essere e grado. L'amore illumina, il tragico oscura. Siamo abituati a ritenere inevitabile la parabola dalla gioia di vivere al male di vivere.

E se invece, come Aristotele, capovolgessimo la traiettoria e ritrovassimo l'amore maturo della vita e dell'inizio dopo aver subito la prevalenza del tragico e l'attesa della fine?

Amare un essere significa comprenderlo, dice Rudolf Steiner. Amore è accettare l'altro, amarlo per quel che è, così com'è. Salvo aiutarlo, spingerlo, sollecitarlo, educarlo per migliorarlo. Amare è comprendere, in ogni senso: capire, prendere con sé, includere, cioè abbracciare, essere indulgenti e comprensivi. Il punto di partenza è accettarlo così com'è, accettare il suo essere prima del suo fare, del suo volere, del suo dire. È l'articolo uno dell'amore. Per Piero Martinetti, «il movente che sta in fondo all'amore e alla generazione è la tendenza dell'Essere all'estensione». Amare è espandersi, «è il più alto grado di beatitudine che l'essere vivente può raggiungere». Beatitudine che nasce da un senso di più profonda realtà e insieme di perpetuità dell'esistenza, generata dall'unione (*L'amore*).

A differenza della fede, della fiducia, della speranza, l'amore non ripone la sua aspettativa in qualcosa che è fuori di noi, ma in qualcosa che agisce dentro di noi: è un conato, un trasporto, un nostro atto. Ma senza la presunzione che tutto dipenda da noi, dall'Io signore e sovrano, perché l'amore è sempre un ponte ma necessita dell'altra sponda per realizzarsi: lo slancio dipende da noi, il risultato solo per metà da noi, come la virtù per Machiavelli rispetto alla fortuna. Se perdi la scommessa dell'amore, quel ponte non ti porta all'altra riva, ma resta sospeso nell'aria come il ponte di Eraclito di René Magritte: resta a metà anche se non è sprecato ciò che hai profuso. Non sarò riuscito nell'intento però ho amato.

In amore hai quel che hai donato. Più di quel che hai ricevuto. Non c'è scambio, commercio nell'amore, il *do ut des* è un naturale sovrappiù, non può essere la condizione di un amore, perché non è uno scambio o un contratto. Non c'è rimorso, ingratitudine e oblio che possano vanificare o revocare il dono. Ogni vero amore è amore a perdere; ma a ben vedere non perdi nulla, perché gli amori arricchiscono anche quando si versano.

Amare è l'unico modo per conservare e nutrire l'amore. L'amore vive se è praticato, si nutre di sé, si spegne se si atrofizza per disuso. L'amore compie un miracolo, unico al mondo: più lo doni e più ti ritorna e ti arricchisce. Amare non vuol dire spendere, sprecare, ma rigenerare, moltiplicare. Se ami un'idea, un'impresa, un'opera, se ami qualcuno e qualcosa, non consumi l'amore ma, esercitandolo, lo conquisti, lo accresci e lo rafforzi. L'unico modo per avere amore è donarlo. Viceversa, l'unico modo per farlo morire è tenerlo per sé o versarlo su di sé. Lo sanno bene i donatori d'amore, più rari e preziosi dei donatori di sangue e di sperma. Nell'amore la ricompensa è già nell'atto d'amare. Non c'è attesa, avviene in tempo reale.

Amare la vita vuol dire, sì, amare i giorni, le ore, gli attimi, i luoghi, i cieli, i mari, i monti, la campagna, il sole, la luna, le stelle. Amare le abitudini, i piccoli riti quotidiani, amare le sorprese e le novità. Amare il proprio lavoro o quell'aspetto particolare del proprio lavoro. Amare la musica, la lettura, il cinema e il teatro, amare l'arte, i dialoghi e il pensiero. Amare la cucina, i fiori, il giardinaggio, gli alberi. L'elenco può continuare all'infinito, ma l'amore per la vita è collegato al nostro fiato, al nostro sguardo, al nostro essere al mondo e alle mille cose che sostanziano la vita, fino alle più minute. Si ama la vita a ogni sorso, ogni boccone, ogni respiro. Di ciascuna cosa che ami avverti soprattutto la mancanza. Averne consapevolezza riempie la vita, le dà uno scopo che la fa degna di essere vissuta. «A legarci agli esseri sono quelle mille radici, quegli innumerevoli fili che sono i ricordi della serata di ieri, la speranza della mattinata di domani, quella trama continua di abitudini da cui non riusciamo a districarci» (Marcel Proust, *La prigioniera*).

Amare la vita vuol dire amare il mondo e l'umanità, ma non in astratto, genericamente, indiscriminatamente. Amare è preferire, è legge naturale, e si rivolge da esseri particolari e limitati ad altri esseri particolari e limitati. Oltre che espansivo, l'amore è selettivo, predilige. L'amore ti dispone positivamente verso l'intero mondo e l'intera umanità, ma a partire da certe scelte e certi criteri: si ama secondo prossimità, affinità, appartenenza, merito. C'è un amore come predisposizione benevola verso tutto ciò che vive, per il solo fatto che vive. E c'è poi l'amore elettivo, che sceglie fino al grado più alto: reputare insostituibile l'amato. Passa dall'articolo indeterminativo al determinativo, da *un* amore a *l'*amore. Si ama in particolare chi ti è più vicino, si ama chi ha con te legami di comunità, di sangue, di idee e di affetto; si ama chi ti è affine, chi ama le cose che tu ami, o condivide porzioni di vita; si ama chi lo merita, per quel che fa, per quel che dice, per quel che è, per l'amore stesso che effonde intorno a sé. Amore oggettivo, che supera cioè i soggetti. Non esiste amore a caso, l'amor qualunque, l'amore per tutti (che di solito si converte in amore per nessuno, se non per se stessi). Si ama sempre qualcuno che sentiamo più degli altri, per motivi diversi, soggettivi e oggettivi.

Per Giorgio Manganelli l'amore è un combustibile che procura malessere ma così genera letteratura. La condizione dell'arte è dunque che l'amore vada male, finisca male. Triste sublimazione. Con il sospetto aggiunto che l'amore si riduca a menzogna letteraria, macchina di sofferenze allo scopo di produrre belle pagine.

Dall'assurdo ci salverà l'amore, diceva Albert Camus. Non è contemplata l'ipotesi opposta, che l'assurdo salvi l'amore, come pure succede. Se perde la realtà e si consegna all'assurdo, l'amore si fa mirabolante ma entra in uno stato d'allucinazione.

Amare la vita, pensa la gente, vuol dire essere felici. Dove sono oggi i popoli felici? Non in Occidente, nei paesi del Nord o nelle società in cui tutto funziona meglio – i servizi, la libertà e la democrazia –, il tenore di vita è più alto. Ma sono i popoli tropicali, caraibici, africani, asiatici come il Regno del Bhutan, che è in testa alla classifica del prodotto interno lordo di felicità. Sono più felici le società giovani, arretrate, ignoranti, anche povere, isolate rispetto al mondo globale, poco o affatto democratiche, con scarso senso civico e politico. L'indole dei popoli, la propensione amorosa, il clima, l'età media bassa, le energie vitali, le aspettative biologiche, le tradizioni di un paese contano più dei regimi, degli standard, del benessere e delle norme, la cui stretta osservanza di solito rende cupi e rancorosi. La politica non rende felici: tutte le volte che si è preteso di realizzare i paradisi in terra, si sono prodotti gli inferni. L'amore per la vita non può essere somministrato o garantito dalle leggi e dai sistemi politici, dai collettivi e dai movimenti. Non esiste il welfare della felicità o, peggio, lo statalismo dell'amore (e neanche l'inverso, il liberismo felicemente selvaggio). L'amor di vita non investe la sfera pubblica ma privata, non passa dallo Stato, semmai dalle comunità, attiene al rapporto tra il cosmo e l'intimità, tra un uomo e la sua vita, tra una persona e i suoi legami, senza passare dalla politica, dall'ideologia e dalle regole.

Un tempo si diceva dei sovrani che erano «felicemente regnanti»; poi, quando la sovranità passò al popolo, si pretesero felici i popoli, fino a sancire nella Costituzione americana il diritto alla ricerca della felicità o il diritto alla felicità di tutti nel preambolo della Dichiarazione dei diritti dell'uomo ai tempi della Rivoluzione francese. Ma i desideri, gli amori, possono essere garantiti dalla legge, che si occupa di diritti e doveri? Il potere può cagionare scontentezza, paura e sofferenza. Ha cioè potere negativo sulla felicità e l'amore: può mortificarli ma non è in grado di garantirli.

A collegare l'amore della vita all'amore per la politica sono l'ardore militante, le passioni civili, sentirsi un noi, una comunità vivente, i bei momenti e «le belle bandiere» sventolate incuranti delle ostilità: dunque non un programma politico realizzato da un governo, ma un fervore ideale, un clima, un'ebbrezza, uno stato nascente, insieme in una piazza, in una sala, in un rito, con simboli e miti comunitari. Se la politica promette amore è utopia o impostura, comunque illusione.

La felicità non s'abbina alla repubblica e alle leggi, è leggera e volatile; divina cecità, vede a occhi chiusi. La vita rinuncia alla verità e alla dignità, alla libertà, alla conoscenza e alla pietà pur di essere felice. Nella convinzione che l'amor felice della vita le contenga tutte, o le renda tutte superflue. Ma la felicità arriva inattesa, è ospite fuggevole, e latitante, si perde nel suo spumeggiare. Nella lingua dei padri, felice significava fertile, fecondo, fruttuoso. Oggi è collegata al proprio star bene: nulla di politico e di comunitario. La felicità è attesa, sogno o ricordo, mimesi o amnesia; è volatile e vola in fretta. Non coincide con l'amore, può farne a meno.

La forza d'amare è nello stato nascente che genera energie e rivolgimenti vitali. Di quel messaggio e passaggio dal pubblico al privato fu latore e testimone Francesco Alberoni. I suoi scritti sui consumi, sui movimenti collettivi, sull'innamoramento e l'amore rispecchiano il giro di boa di una società che passava dalle ideologie al privato, dal collettivo al singolo e alla coppia, dalla politica ai consumi. L'edonismo amoroso di Alberoni, tra il pop e l'ovvio, riponeva fiducia nei mutamenti e nei loro impresari e imprenditori. Fu quasi l'anti-Pasolini. Portò la sociologia alle masse, ridusse le masse ai singoli e invogliò i singoli a seguire l'industria dei consumi. L'amore come genere di consumo e piacere della vita.

## L'AMICO DEL CUORE

La rima più facile e banale con amore è cuore, il sito corporale che lo accoglie e in suo nome si dona. Non si può parlar d'amore dimenticando l'organo amoroso che vale sia per l'amor di coppia o familiare che per l'amore del prossimo, di Dio e dell'universo. Il cuore è la sede dell'amore, la sua capitale, il nodo ferroviario che smista le emozioni e raggiunge ogni periferia. Lo spirito della vita, dice Dante nella *Vita Nova*, «dimora nella segretissima camera de lo cuore». Per Proust «l'amore è lo spazio e il tempo resi sensibili al cuore».

Il cuore è la parte più spirituale del nostro corpo, e pure la più sanguigna, la più impressionante a vedersi pulsare su un monitor. Suscita tenerezze, il cuore, ma anche scontri cruenti. Sede dei tormenti di vita e di fede, *inquietum cor nostrum*. Sede del linguaggio verace e di acute ragioni ignote alla ragione medesima, secondo Pascal. Sede del coraggio, dal cuor di leone ai cuori intrepidi e ardimentosi. Sede della generosità in chi ha buon cuore. Ma soprattutto sede dell'amore, d'ogni amore, erotico, mistico, naturale e soprannaturale, familiare e materno. Il cuore è il cervello dell'amore. Schopenhauer concepisce invece il cuore agli antipodi della generosità e dell'affetto, come sede degli impulsi più feroci: «Nel cuore di ciascuno si nasconde un animale selvatico, che aspetta solo l'occasione per scatenarsi», disposto anche a fare del male a chi si oppone ai suoi voleri, fino ad annientarli.

Il verbo legato al cuore, oltre a «rincuorare», è «ricordare», esercizio nobile, magnanimo, salutare che apre la mente al cuore, e mette in salvo dall'oltraggio del tempo e dall'oblio le cose migliori, più care.

In piena modernità, il core business indica l'attività principale negli affari. Il cuore è l'emoticon per eccellenza, l'icona che indica il «mi piace» nei social network. Del cuore vi furono tante versioni musicali, rock o melodiche; sede dell'amore e della sua volubilità, il rubacuori zingaro. Dopo la canzone e la cardiochirurgia, il cuore si fece pensante, avventuroso, tenebroso. *Un cuore intelligente* è un bel saggio del filosofo Alain Finkielkraut: lo collega al pensiero che non si limita a pensare. Con l'immaginazione del cuore Henry Corbin rese visibile il volto del divino. Amore coraggioso e incoraggiante, che si fa pensiero del cuore.

Per Agostino il *cor inquietum* è l'abitazione interiore,

sinonimo dell'anima: il cuore sottrae la sua confessione all'autobiografia e la proietta nella devozione verso il divino. Poi, con Dante e Petrarca, il cuore fu inondato dalla bellezza e dall'amore. La bellezza, dice James Hillman nell'*Anima del mondo e il pensiero del cuore*, è la manifestazione dell'*anima mundi*. Tramite la bellezza gli dei toccano i nostri sensi, raggiungono il cuore, ci attirano nella vita. Torna Platone, torna Plotino e torna Marsilio Ficino: si compone il filo d'Arianna dell'amore come pensiero anagogico. Il bello genera il bene, dice Platone, che nel *Fedro* invoca gli dei perché gli concedano la bellezza interiore. Dal cuore s'irradia la via dell'amore. Dal *cor nostrum* si arriva al cuore di tutte le cose. L'amore regge il mondo tramite il presidio interiore del cuore.

*Aristotele e il pulcino.* Lui, il massimo filosofo, è curvo a osservare e annotare meticolosamente la nascita di un pulcino e i suoi primi passi. Lo osserva quando si schiude l'uovo, quando pigola, quando dorme. Ne scriverà nel sesto libro dedicato alla storia degli animali. La curiosità per la natura lo spinge a conoscere; lo stupore per la vita muove il filosofo. L'umiltà dei grandi è anche la loro intelligenza: Aristotele osserva la minima creatura per capire le leggi dell'universo. L'infinitamente piccolo è miniatura dell'infinitamente grande. A muoverlo è l'amore per la realtà e per la vita, in forma di meraviglia.

Certo, l'amore non risolve la vita, non basta, non è tutto, convive con l'odio, coabita con la rabbia, la paura, il dolore, la malattia, fino alla morte. Ma è il vero antagonista, l'unico, irriducibile avversario contro le oscurità della vita e la forza di gravità che ci attira verso il basso. La necessità dell'amore si oppone alle necessità negative. Non ammainate l'amore, non abdicate all'amore.

Dal diritto alla vita alla vita come diritto, esteso a ogni nostro desiderio. Chi è la controparte per la rivendicazione della vita come diritto: il prossimo, il potere, la natura, Dio? Non è pensabile una vertenza giudiziaria o sindacale contro il Padreterno, la Natura, il Potere astratto o la Società; e poi ogni diritto comporta un dovere.

Vita come dovere, allora? Ma non è una caserma o un penitenziario, la vita: ha i suoi diritti, i suoi piaceri, i suoi traguardi, le sue aspettative, la sua libertà. Allora vita come ricerca della felicità? Umano, più che umano, ricercare la gioia, ma non siamo solo soggetti in cerca di vivere felici, nel migliore dei modi possibili. Siamo altro, facciamo altro: c'è il lavoro, ci sono gli altri, non tutto si risolve in lieta ricreazione. Vita come missione? Grande, nobile proposito, ma non siamo tutti santi o eroi, siamo più modestamente uomini, bisognosi e imperfetti. Più giusto e più consono, allora, ritenere la vita come compito: vivere non basta. La vita – lo diciamo da una vita – non va solo vissuta ma anche dedicata: a qualcosa, a qualcuno, a Qualcuno, a un'opera, a un'impresa. Darsi un compito è un diritto, è un dovere, è dare un senso alla vita, non finire in balia del caso, del nulla e del tempo. Amare la vita è darle un compito, una chiave di realizzazione. Vivere non è solo divertirsi o adempiere agli obblighi con la sola finalità poi di divertirsi, vivere è cercare il giusto, il vero e il bello e il bene, ciascuno secondo i propri mezzi, gradi e possibilità. La vita come destino: una scelta necessaria, e non è un ossimoro bugiardo, ma la nostra reale condizione umana di viventi a mezzadria tra libertà e necessità.

Il primo compito è innamorarsi della vita, trovare moventi e aspetti per sentirne quotidiana attrazione, impulso a vivere dentro il raggio benedetto della vita. In qualunque direzione poi si voglia andare, il primo atto è scoprirsi innamorati della vita.

Vita come amore, amore della vita, amore degli altri, a partire da chi più ami, amore di una comunità, amore di eredità, di chi fu e di chi sarà e di chi è con noi, prima e dopo di noi; amore del mondo, amore della natura e del suo ordine, amor di Dio o di ciò che è sopra di noi, amor dell'Essere e non solo di essere al mondo. Vita come realizzazione, scoperta, conoscenza, impegno, dedizione, senza rinunciare alla bellezza, alla gioia, perfino alla gloria e ai piaceri, ma considerando la loro transitorietà, la loro brevità. «Quello che veramente ami è la tua eredità» (Ezra Pound). Vivere è lasciare tracce, amare è seguire le impronte. Vale anche all'inverso.

Insomma, che cos'è l'amor di vita? È innanzitutto una predisposizione, bendisporsi alla vita, alle relazioni, agli impegni, al mondo. L'amor di vita è un'energia che mette in moto l'agire, il pensare, il vivere, l'incontrare. Ci proietta fuori di noi, ci fa uscire di casa anche quando non c'è obbligo di farlo, ci fa sporgere nel mondo e nei giorni, mettendoci alla prova. Energia originaria, che va ben oltre l'istinto di conservazione e attiene all'amore per l'Essere piuttosto che per il niente o per nonnulla; e subito dopo è amore per il divenire piuttosto che inerzia, è camminare piuttosto che lasciarsi andare e farsi trasportare dagli eventi. Quando manca quell'energia cadiamo preda dei corvi neri: depressione, angoscia, demotivazione. Seduti, a letto, al buio, senza voglia di alzarsi e cambiare stato. Privi d'energia come fari spenti. Dietro ogni avvilirsi c'è il disamore, il raffreddarsi, perdere amore per ogni cosa.

Il luogo della vita dove più s'*incamera* l'amore è la casa. Luogo del destino, la casa è il contrario del caso. La casa è il deposito più carico d'amore, dove si è più autentici e inermi, dove si esercitano gli affetti più veri, luogo di nascita e di morte, pane quotidiano e vino dell'amore; testimone del tempo, rifugio primario, dall'infanzia alla vecchiaia, riparo dalla vita, le sue fatiche, le sue asprezze, i suoi assalti. La casa è il primo oggetto dell'amore, la prima *cosa* prodotta dall'uomo che custodisce gli amori più intensi e duraturi, le memorie più care, le tenerezze più vere e i più veri tesori.

Amore della vita vuol dire sentirsi in armonia con il mondo, le stagioni, l'accadere dei giorni, ritenendo il male, il negativo, il vuoto come deviazioni, cadute, privazioni del bene, del positivo e dell'Essere che sono le fonti d'amore della vita. Nel suo corso e al suo interno possono annidarsi mali e malattie, disordini e disarmonie. Ma la vita in sé non è un male, non abbiamo termini di paragone per affermarlo: è un mistero e un compito.

Quel che vale a livello personale, vale ancor più a livello di civiltà: l'amor di vita sorregge la civiltà. Senza quell'energia vitale il mondo degenera, perde la sua carica e la sua voglia di futuro, ripiega su se stesso o si espone alla dominazione di agenti esterni; si avvia verso la decadenza più inesorabile. Un paese che non si ama e non ama la vita si ammala e si dispone alla fine.

Si ama la vita a vista d'occhio ed evidenza di mente, ma anche nel suo mistero. Amare la vita non vuol dire vivere a caso. Chi ama la vita ritiene il caso un'occasione, un'opportunità imprevista che si pone davanti; strada facendo quella fortuita evenienza mostra un senso e indica pure un destino. Tutto nasce dall'amore come stato nascente, in ogni senso e orizzonte, quel che principia dietro ogni avvio. Perciò Eros fu detto il primo, il più antico degli dei. In principio fu l'amore, tensione feconda di una vita, ma anche, infine, lascito estremo, ultima eredità. Dopo di noi resta l'amore, come all'inizio. Siamo dentro il cerchio dell'amore, dal principio alla fine.

Ci sono amori che si concentrano su una sola persona, si riversano solo sui più cari, e a loro volta ricevono amori esclusivi. Ci sono amori, invece, che si spargono su mille anime, come accade a chi offre frutti spirituali o benefici estesi e riceve a sua volta ritorni d'amore diffusi in forma d'attenzione, ammirazione, gratitudine, affetto. Costui non è mai veramente in compagnia di qualcuno, e mai veramente solo; vive una vita diversa da chi dà e riceve mille da uno solo, mentre lui dà e riceve uno da mille. Alla fine i conti si compensano. Meglio sarebbe avere ambedue, l'amore esclusivo e l'amore estensivo, ma la perfezione non è di questo mondo.

## Secondo grado
## PER AMOR TUO
*Amarsi, innamorarsi, accoppiarsi, affidarsi, donarsi*

Se dici amore, la prima immagine che compare davanti agli occhi è lei, la persona amata. Prima di declinare le mille forme dell'amore, la più ricorrente, sulla bocca di tutti, in forma di parola e bacio, è l'amore di coppia. Poi l'amore si allarga a quelli che vanno sotto il genere di affetti o di passioni. Ma il primo «tu» è la persona amata che ti infiammò d'amore e che reputi insostituibile. Magari non è la stessa per sempre, perché l'amore non invecchia, invece gli amanti e gli amori appassiscono. L'amore è oltre il tempo, gli amanti ne sono dentro, anche se al loro apice si percepiscono fuori, in un tempo sospeso. Riescono a sfidare l'usura del tempo se muta la forma del loro amore. L'amore resta, l'amato e l'amante passano, e qui c'è tutta la dolcezza e l'amarezza del loro amarsi. L'amore, il dolceamaro. Amare, contrazione d'amarezza, espansione di dolcezza.

Quando anima e corpo combaciano nell'incontro tra due persone, generano il fenomeno chimico e spirituale denominato «amore». Se combaciano solo le anime nasce l'amicizia, se combacia solo la mente nasce l'intesa, l'affinità elettiva. Se combaciano solo i corpi nasce l'attrazione e i suoi gradi prossimi. L'amore è sintesi di tutto questo, seppure in gradi e dosaggi diversi, di caso in caso differenti. Si può chiamare amore anche quel che si prova per luoghi, idee, arti, animali. L'amore non è esclusivo, anche se ha l'aria d'esserlo, è una piramide con tanti gradi d'amore.

L'amore è fusione di due in uno, nella promessa di coronare il due nel tre, cioè di procreare il terzo, che un tempo si diceva «il frutto» del loro amore. È solo una specie d'amore, ma ci sarà un motivo potente se prevale sulle altre forme d'amore, e se dicendo amore pensi prima di tutto all'amor di coppia. Anima gemella è espressione impropria e stucchevole per dire amore, compagni d'anima rende meglio l'idea di anime non omozigote ma che si dividono il pane della vita, e le loro differenze combaciano.

Ogni scelta comporta una rinuncia, ogni amore comporta una preferenza e ogni inclusione comporta esclusioni. È la regola della vita, il suo principio regolatore: non si può avere tutto, ci sono perdite e conquiste, la botte piena e la moglie ubriaca è una puerile menzogna. Amare è prediligere, scegliere una persona fra tante, una anziché altre. Amare è caricarsi della scelta, e sapere che comporta non solo rischi e impegni, ma anche rinunce e sacrifici.

Troppo poco l'amore a due, rispetto all'amore come forza universale. Vero, eppure è già un passo avanti rispetto alla misera propensione a trincerarsi nel proprio io; quel doppiare la vita e riflettersi negli occhi di qualcuno, convolare nel corpo e nell'anima, sentirsi uniti dalla sorte e compiuti. Sentire qualcuno che ti respira a fianco, che ti ama anche quando non te ne accorgi, e che tu ami quando lei non se ne accorge, a sua insaputa, alle sue spalle; qualcuno nel cui corpo ti addentri come nella tua casa, che parla con le tue parole e divide con te carne e fiori... Qualcuno che fiorisce e poi sfiorisce accanto e insieme, e ama chi tu ami, e vede quel che tu vedi, e sente quel che tu senti. Divide con te il pane dei ricordi e il vino della vita. E realizza il perfetto desiderio di stare esattamente lì, in quel posto, in tua compagnia.

Si ama chi è stato testimone oculare dei tuoi anni migliori, della tua vita migliore, e viceversa. Spesso quella reciprocità fonda l'amore.

È bello sentirsi partecipi di quella specie baciata dalle stelle, gli Innamorati. In particolare degli innamorati a tempo indeterminato o, come si dice, per la vita. È come se fosse un accrescitivo della vita, uno status che offre speciali immunità ed esclusive delizie, e dà diritto a vedere la vita da una speciale tribuna con due occhi e non uno solo, sentirsi giocatori e non spettatori della sfida di vivere. Gerarchie d'amore disegna ogni amore; saggezza è saper vivere al suo giusto tempo, rango e modo. Bello e semplice riconoscere che amare è prima di tutto volersi bene, volere il bene dell'altro, anzi, volere che egli sia, il più a lungo possibile, nel migliore dei modi possibili. Chi ama dice «voglio che tu sia» ora e per sempre. E aiutarlo a essere quel che è, a vivere la sua vita come una parte della nostra e la nostra come una parte della sua.

«Per amor tuo» fu l'espressione chiave che aprì le porte dell'amore. Fu pronunciata in un mattino, riferita a minimi risvolti, lasciata cadere forse con studiata noncuranza. Ma portò presto lo scompiglio dell'amore. Irruppe l'ospite inquietante, in forma di voce, di parola, poi si fece corpo, abbraccio, amplesso, unione e passione. E di due vite ignare fece un fascio d'amore. Breve, intenso, indelebile ricordo. Dette fiato a una storia, suscitò energie che covavano sotto la brace, alitò vita nei corpi, l'intrecciò a una sorte; poi svanì. Tutto si fece «per amor tuo».

Non nominate l'amore invano, è come un dio, aspetta la chiamata, arriva e dispone di chi lo pronuncia e di chi ne è investito.

L'amore è il bisogno di stare con chi ti completa. Ma è solo una modalità dell'amare. Ci sono altre specie d'amore. Per esempio il bisogno di stare non con chi ti completa ma con chi ti svuota, ti fa sentire leggero, carenato come lo sterno dei volatili e lo scafo delle navi, e ti porta in volo e al largo, lontano da te, felice tra cieli, terre e mari remoti. Oppure non si ama chi ti completa e colma le tue carenze, ma chi è affine e dunque ti raddoppia nella reciprocità, in mutuo soccorso.

Ci sono poi le mille patologie dell'amore che insieme ne fanno la fisiologia: chi ama per dominare e chi per essere dominato, chi ama per farsi del male e provare sofferenza e dipendenza o per infliggerle, chi ama per non pensare, chi ama per bisogno, utilità, prestigio e chi per gratitudine, chi ama per sentirsi bambino e giocare in un mondo parallelo e irreale... Chi cerca nell'amore la madre o il padre, il figlio o la figlia, il fratello o la sorella, il maestro, il tutore o il sacerdote, la badante o a chi badare.

Di un amore si ama pure il passato non vissuto insieme, ci si prende cura anche della sua infanzia con un amore retrospettivo, si abitano i suoi ricordi e il tempo della sua vita in cui tu non c'eri.

È arduo tuttavia amarsi per una vita; il fuoco d'amore brucia ma non è perenne. Spesso accade che si spenga, si raffreddi, e muti perfino in odio, fastidio, abitudine o indifferenza. Ci sono amori che rinascono dalla loro morte e si rigenerano di continuo: due persone sembrano amarsi per una vita di un amore ininterrotto e invece sono morte e rinate all'amore svariate volte. Si amano come sposi, poi come fratelli, come genitori e figli l'uno dell'altra, si amano come complici o come allievi; ami la sua energia e poi la sua vulnerabile fragilità, legati dal piacere e poi dal dolore: chi ama si scambia i ruoli. Si arriva alla vecchiaia e l'amore perdura, e ti sembra impossibile che si sia serbato intatto negli anni, ma dietro la stessa parola si nascondono onde d'amore che mutano con il mutare delle maree. Di quanti amori è fatto un amore.

Consorte: grandiosa sintesi che esprime quel darsi voce, mano, conforto nell'affrontare uniti la sorte.

La vecchia fu portata su in montagna. Sotto i ghiacci era stato ritrovato il corpo del suo moroso, caduto in guerra settant'anni prima. Era in divisa, il ragazzo, proprio come l'aveva salutato lei, ragazza, per l'ultima volta in quel giorno indimenticato. Lo ritrovò intatto sotto il ghiaccio, il ragazzo dormiva il suo sonno senza vita da quel tempo, gli anni erano passati invano per lui. Lei scivolava verso i novant'anni, lui era fermo prima dei venti. Lei ancora in vita, ma decrepita, lui ancora giovane, ma defunto. Una lastra di ghiaccio lunga settant'anni li separava e li riavvicinava, in un assurdo gioco di distanza e di prossimità. Se l'amore è calore, il ghiaccio ne preserva l'icona, congela l'effigie senza afflato. I raggiri del tempo, le sorprese beffarde dell'amore.

L'amore è una vibrazione del cuore che passa attraverso il corpo per incendiarsi e poi spegnersi nella mente. Il fuoco della passione è mentale, come l'acqua che lo spegne.

Predisporsi all'amore. Tenere aperta la porta, e la finestra, perché l'amore penetra da impensate feritoie. L'importante è non alzare il muro. Prima o poi l'amore viene.

Ci sono amori che danno il meglio di sé quando sono alla fine. L'apice dell'amore è agli estremi: quando nasce, nella magia degli inizi, e poi quando finisce per motivi che non dipendono dalla volontà degli amanti (morte, malattia, separazione obbligata, necessità insormontabili della vita). L'epilogo vale come il prologo.

Per amore, si dice, si è disposti alla schiavitù. E se fosse l'inverso, che per bisogno di schiavitù si è disposti pure ad amare? Ami ciò che ti rende schiavo proprio perché ti rende schiavo... C'è chi non sa vivere senza dipendere e pur di asservirsi è disposto perfino ad amare.

È eccessivo dire che chi ama, ama pure i difetti dell'amato. Al più non li vede, o li accetta come i suoi. L'amore perfetto accoglie le imperfezioni come segni distintivi che lo rendono inconfondibile.

L'innamoramento ha i suoi incanti, ma è affabile inganno, labile gioco di specchi; non riguarda, come pensi, il cosmo intero, ma solo un paio di viventi-morenti, passeggeri in transito da questa stazione terrena.

Gli innamorati sono murati vivi nel loro amore, prigionieri in un mondo a due piazze che esclude la verità del vivere e la realtà plurale. Tutto ruota intorno alla pretesa assolutezza della persona che si ama: senza di lei il mondo crolla. Quanti amori sono prigioni senza muri in cui sparisce il mondo, diventa solo riflesso della persona amata oppure ostacolo per accedere a lei.

Il pregiudizio corrente è che chi ha legami è schiavo e chi è senza legami è libero. È vero il contrario, e lo notava già Aristotele: chi è senza legami è spostabile, intercambiabile, sradicabile; chi ha legami, invece, si muove in una rete di relazioni, significati e reciprocità. Il primo è un'ombra, il secondo è una persona.

Lo slogan che contagiò un'epoca e più generazioni, l'amore libero, è una presuntuosa bugia. Chi ama non è mai veramente libero, e chi è del tutto libero non ama, se non se stesso.

Amore libero è solo libertà di accoppiarsi temporaneamente, senza vincoli e impegni, in un accordo a tempo o a progetto, con possibilità di rescissione anche immediata, altrimenti libero non è. L'amore libero è labile, fugace, non mette in gioco se stessi, non impegna a nulla. L'amore è necessario, anche quando è libero.

La voglia al posto dell'amore, il possesso anziché i legami. Il primo divora, consuma l'oggetto bramato e colui che brama, l'amore invece accresce chi ama e chi è amato. Concresce.

È pretesa velleitaria costruire una vita duratura sull'ebbrezza leggera dell'amor giocondo e passionale. Se l'amore gioca, ama fino a quando gioca, poi finisce la partita, si va negli spogliatoi e ciascuno va per la sua strada, o disputa altre partite con altri giocatori.

Quando irrompe, l'amore è sovversivo, disordina la vita, scompagina la mente e i giorni. Ma quel che è disordine per la vita singola degli innamorati fa parte in realtà di un ordine amoroso, a cui obbedisce. L'irruenza soggettiva dell'amore rientra nell'ordito generale dell'amore. Il suo naturale scompiglio si assesta poi nell'ordine soprannaturale dell'amore.

Ogni amore si fonda su un patto invisibile e impronunciato, su un tabù inviolabile e inesprimibile. C'è qualcosa di non detto alle origini di ogni legame, ma su cui tacitamente si acconsente: un raffronto da non effettuare, una soglia da non varcare, una prova da non richiedere. Un limite, un difetto, una carenza sottaciuti. Guai a sollevare il coperchio. Chi si volta a guardare oltre il limite imposto, come Orfeo con Euridice, perde la vista e dissolve l'unione. Chi pretende di rendere visibile il perno invisibile su cui regge l'unione, genera i presupposti per separarsi.

La seduzione non è amore, perché conquista, conduce a sé l'altro. Può far parte di una strategia amorosa, ma la seduzione è un portare a sé. Il baricentro è l'io, non tu.

Quando precipita nella gelosia, l'amore è il doloroso possesso dell'altro, che diventa dio, demonio e carceriere: sottile è il confine tra i due volti dell'angelo, quello serafico e quello ribelle.

Veniamo da fiumi di romanticismo che istruiscono le masse al dolce richiamo dell'amore. Ma l'amore è un demone. Intere civiltà si sono rette sulla separazione tra amore e vita coniugale. L'amore fu affidato all'arte di vivere, il sesso alla prostituzione e la vita buona alla famiglia: il bello, il brutto, il buono. L'amore è l'eccezione, la norma è altrove.

Le famiglie e i matrimoni non reggono sulla passione furiosa dell'amore ma finiscono per quella, a volte nel sangue. Per costruire un'intesa duratura meglio il matrimonio d'interesse, reciproco, riconosciuto. O rassegnato, perfino. «Tutto imparammo dall'amore, alfabeto, parole, poi un capitolo, l'intero volume – e la rivelazione terminò. Ma negli occhi dell'altro ciascuno contemplava un'ignoranza – più divina della nostra stessa infanzia; l'un all'altro, fanciulli, tentammo di spiegare quanto era incomprensibile per entrambi. Ah, com'è vasta la saggezza e molteplice la verità» (Emily Dickinson, di bianco vestita).

Poi c'è l'*amor fou*, l'amor folle di cui scrisse André Breton e più di recente Alain Badiou nel suo *Elogio dell'amore*. Per lui non esiste alcuna legge dell'amore, l'amore ha carattere asociale, gli innamorati sono soli al mondo, come dice un proverbio. Poi ripassa le tre concezioni dell'amore: romantico (incentrato sull'estasi dell'incontro), giuridico-commerciale (imperniato sul contratto) e scettico (basato sul suo carattere illusorio e provvisorio). Badiou le respinge tutte e vede nell'amore un tentativo di costruzione della verità partendo dall'esperienza di due, anziché di uno. Bell'incipit, manca però il finale: si raggiunge la verità nel passaggio da uno a due o stiamo allo stesso punto di prima?

L'amore è tormento se non combacia nel tempo e nel luogo, e spesso accade che l'acuto dolore per l'assenza non sia avvertito simultaneamente da entrambi. Di quelle asimmetrie patisce l'amore, ma di quelle in fondo si nutre, fino a morire.

Chi ha patito l'amore è pronto a barattare l'assenza di gioia in cambio dell'assenza di sofferenza. In queste avarizie si riparano i fragili cuori, cercando di sopravvivere.

L'amore mitizza la persona amata, la idealizza come unica, speciale, insostituibile. Per Stendhal è il processo chimico della *cristallizzazione*. L'amore perde di vista la realtà, quando la vede smette d'amare. Il pericolo di perdere quel legame insostituibile si fa pericolo mortale, omicidio e suicidio: senza di te c'è solo la morte.

Questo tipo d'amore regge sulla patologia dell'unicità – tu sola, insostituibile. Quello è il grande amore. Invece l'amore grande abbraccia la vita, non si esaurisce nell'io né si perde nel tu.

«Al culmine di un rapporto amoroso non rimane alcun interesse per il mondo circostante; la coppia degli amanti basta a se stessa», osserva Freud nel *Disagio della civiltà*. La perdita del mondo coincide con un solipsismo amoroso in versione doppia. L'amore come passione di dipendenza, voluttà di schiavitù, bisogno di te e di te solo.

A viverlo così, l'amore è incompatibile con la verità, nasce dalla sua negazione. Perché l'amore è soggettivo, la verità no. Ed è ingiusto, sia verso di sé, sia verso l'altro o in rapporto al mondo. Non dai quel che ricevi, ma sempre molto di più o molto meno; ciascuno non ha quel che gli spetta, è uno squilibrio continuo tra amato e amante, tra seme e frutto, tra fatica e gratuità; non ci sono meriti, demeriti, colpe, salta ogni simmetria e ogni obiettività perché tutto è assoluto e soggettivo, non esiste certezza dei diritti o dei doveri. L'amore non è equo, la giustizia sì. La legge dell'amore stride con l'amore per la legge.

Sofocle nel primo libro della *Repubblica* si dice ben lieto di essere sfuggito da un pezzo a Eros, come a un padrone furioso e selvaggio. Le tristi liberazioni della vecchiaia che vive come conquiste le proprie disfatte: non è saggezza ma biologia. A volte va anche peggio: Eros va via, ma resta la furia che lo accompagnava. Diventa iracondia senile.

L'aggressività repressa e depressa che un tempo si esprimeva nella politica, nella guerra, nella lotta, oggi esplode nei paraggi dell'amore, verso chi ti è più vicino. Esplode la violenza verso chi più ami e di cui hai più bisogno: troppi omicidi sono suicidi mascherati, delegati o solo differiti. Questa disperazione assume le vesti dorate dell'amore.

Paul Valéry: «L'amore non si degna di spiegarsi; comanda, tormenta».

Si uccide in amore nella folle persuasione che una parte di noi si sia ribellata al nostro organismo, si sia messa in proprio, e come una metastasi malata va estirpata, a costo di morire nell'operazione.

Nonostante la grande visibilità dei crimini compiuti contro le donne, lo sdegno unanime e istituzionale per i delitti sessisti, le proteste di piazza, la violenza inflitta al codice penale e alla giustizia istituendo l'obbrobrio giuridico del femminicidio – come se uccidere un uomo, un bambino, un vecchio sia meno crimine che uccidere una donna – non sono affatto diminuiti, anzi, aumentano. S'invocano inasprimenti, come se le leggi potessero intimidire chi perde il senno... Quei delitti crescono nonostante le leggi speciali già in vigore e le campagne mediatiche massicce: evidentemente non sono un deterrente per chi perde la testa e decide di uccidere e poi di uccidersi. Per lui è crollato il mondo, una pena inasprita non lo ferma.

Non funziona il modello prestampato di spiegazione dei femminicidi: non è il machismo, il maschilismo arcaico, bestiale o suprematista a scatenare la violenza assassina sulle ex, non è la pretesa sottomissione della donna, il ripristino di un regime patriarcale o la riaffermazione che «sei roba mia» a spiegare i tanti assassinii, spesso seguiti da suicidio (se solo invertissero la sequenza...). La molla primaria di tante uccisioni di donne, elusa e mai affrontata, è la dipendenza di quegli uomini dalle loro «amate». Come la tossicodipendenza, è una dipendenza tossica, patologica e ossessiva. Non riescono a concepire la loro vita senza di lei, fuori da quel rapporto. Perciò giungono al gesto folle e brutale di uccidere colei che si rifiuta di continuare il loro rapporto e si rende indipendente. Più che gelosia, è sindrome d'abbandono di minore, reazione puerile ai livelli estremi. Prima le turbe maniaco-depressive, poi le minacce, infine il gesto drastico, definitivo: se non posso vivere senza di te, neanche tu potrai vivere senza di me, a volte coinvolgendo anche i figli.

Come chiamarla? *Uxordipendenza.* Sì, non manca l'orgoglio ferito, la volontà arcaica di predominio e un fondo oscuro di violenza animale, ma arrivare a uccidere la donna che ti lascia conferma la sconfitta e la dipendenza, la propria inferiorità e impotenza, il proprio essere soggetti incapaci di concepirsi sovrani della propria vita: se avessero un minimo di dignità maschile, di orgoglio «virile», si allontanerebbero, guarderebbero altrove, si sforzerebbero di eliminare la loro ex dalla mente e dal cuore, rifacendosi una vita o dedicandosi ad altro. Dimostrerebbero il coraggio di vivere senza di lei. Ma la loro virilità è fragile, il loro io è costruito sulle spalle di lei, non riescono a farne a meno; un amore tossico li schiavizza e muta in odio in caso di rifiuto. La stessa eliminazione dei figli prova il loro narcisismo puerile: si sentono al centro del mondo e i figli sono solo anelli di congiunzione con la madre. Insomma, chi uccide non è l'antico Maschio Padrone, ma il tossicodipendente dalla sua donna. Se mi lasci, è la fine del mondo.

Piccolo e beffardo catalogo amoroso in dodici *amorismi*.

1. Amare è prendersi gioco della vita, della morte e dell'immortalità.

2. La più assurda pretesa dell'amore è far entrare l'Universale nel Particolare, il Fato in una casa, il Cielo in una bocca.

3. A volte l'amore è essere egoisti con l'io dell'altro. A volte è il contrario, uno specchio per amare se stessi tramite l'altro.

4. Ci sono amori in cui è insopportabile l'assenza, e altri in cui si ama in assenza più che in presenza.

5. Spesso l'amore è lo stato confusionale ma passeggero che trascorre da un'illusione a una delusione. Ma nel mezzo avviene il bello.

6. L'amore parte dalla testa, mai dal corpo. E la testa parte con lui.

7. L'amore vive e muore della sua unicità. Non è distributivo, non si spalma sull'umanità, non si commuta in filantropia, non si distribuisce con criteri egualitari.

8. L'amore rifugge l'ergastolo e mal sopporta la lungodegenza. Più facile la commutazione della pena.

9. L'amore è malato quando nuoce ad almeno uno dei due amati; di solito l'amore malato nuoce ad ambedue, in tempi e modi diversi.

10. L'amore patisce l'asimmetria di tempi e di modi. Se non combacia, ferisce. Se stride, uccide. L'armonia in amore è un equilibrio labile sul precipizio.

11. A volte l'amore è il rifugio dei miscredenti che in-

nalzano un assoluto piccolo e fittizio per ripararsi da ogni altro dio.

12. Chi ama resiste alla morte, in forma di elusione, evasione, dilazione, raggiro. L'amore non abolisce la morte ma la sospende *sine die*.

Filemone e Bauci richiesero agli dei di finire insieme la loro vita («una medesima ora ci sottragga a tutti e due») e così morirono sfiniti dagli anni e dall'età, vedendosi reciprocamente coperti di foglie, fino a dirsi addio, prima che la corteccia coprisse le loro bocche. Due tronchi vicini furono i loro corpi, scrive Ovidio nelle *Metamorfosi*.

In *Lettera a D.* André Gorz compila un minuzioso inventario della fisicità senile, descrivendo con amore e precisione i tratti della sua compagna di vita morente, giunta all'età di ottantadue anni. «Sono cinquantotto anni che viviamo insieme e ti amo più che mai. Porto di nuovo in fondo al petto un vuoto divorante che solo il calore del tuo corpo contro il mio riempie». André elogia ancora la bellezza di sua moglie, la vede elegante e desiderabile, le rinnova l'amore. Prefigura l'assenza di lei e la scena di un uomo dietro il feretro della sua amata: «Ciascuno di noi vorrebbe non dover sopravvivere alla morte dell'altro. Ci siamo spesso detti che se, per assurdo, avessimo una seconda vita, vorremmo trascorrerla insieme».

Alla morte di sua moglie Dorine, il vecchio filosofo si uccide accanto a lei, dopo averle dedicato la splendida storia di un amore. La promessa fu mantenuta nell'assurda speranza di una seconda vita terrena o virtuale, o quantomeno nel suo passaggio: l'amore non sopporta l'assenza e la separazione ed esige un destino consorte, oltre la vita, fino a togliersela. Come Arthur Koestler e sua moglie. Il suicidio fu conseguente alla lettera. Poi i loro corpi senza vita, l'uno accanto all'altro, dopo il terribile gesto. Si resta sconvolti davanti alla scelta di morire insieme per mettere in salvo, con un suicidio, l'immortalità di un amore mortale.

È dolce spiare l'intimità stagionata di una coppia d'anziani in viaggio. Confidano in un reciproco segreto: la giovinezza nascosta dietro la vecchiaia apparente. Il segreto del loro perdurante amore non è invecchiare insieme, ma ritrovare intatta negli occhi dell'altro la propria giovinezza di un tempo. Tu sei testimone e intimo complice che, sotto la maschera della vecchiaia, sono quel ragazzo che sai: tu sola conosci la mia vera identità. E viceversa, io di te. Su quel segreto reciproco l'amore regge agli assalti del tempo.

L'amore è il trasferimento di tutto il nostro interesse vitale da noi stessi all'altro, si sposta su di lei il centro della nostra vita personale, sostiene Vladimir Solov'ëv nel *Significato dell'amore*. Georg Simmel ne dà un esito tragico: l'amore s'infiamma per l'individualità ma s'infrange contro la sua insuperabilità (*Sull'amore*). Emmanuel Lévinas: «Il pathos dell'amore consiste nell'insormontabile dualità degli esseri» (*Il tempo e l'altro*). Quell'irriducibile dualità dell'amore…

Quel che rende davvero speciale l'amore è pur sempre il miracolo della fecondazione e della procreazione. Senza quello, l'amore tra due esseri resta un circuito chiuso.

Accade a volte che si formino triangoli scaleni nell'amore: l'amore che qualcuno riceve non lo restituisce al mittente ma lo rende poi ad altri beneficiari, qualcuno risparmia in amore con una persona amata per riversarlo poi su un'altra, o, ancora, un amante fa soffrire il suo amato per soffrire a sua volta di un altro. Non c'è simmetria nell'amore, ma una catena ingrata di eccessi, penurie, ingratitudini. Venere non è la dea della giustizia e Imeneo non svolge saggiamente il suo ufficio. L'amore si nutre di sofferenze, è una tirannide esercitata su un solo suddito.

Per Max Horkheimer la liberazione sessuale toglie all'amore la sua base, la nostalgia della persona amata, e si perde nel possesso dei corpi («la pillola non è un progresso», diceva, se non per i paesi sottosviluppati. Fa morire l'eros). Il filosofo di Francoforte arrivò a sostenere che l'amore ha bisogno di un fondamento teologico.

L'amore più intenso e più puro scaturisce nell'assenza, quando se ne è privati o impediti: la lontananza spegne gli amori labili e incendia gli amori forti. L'assenza fa sparire le ombre e ingigantisce i ricordi. L'assenza dona all'amore quell'aura mitica che la vicinanza non può dare. La prossimità delimita l'orizzonte e rivela da vicino l'imperfezione degli oggetti d'amore. L'assenza invece la rende metafisica. I più grandi amori non ebbero il tempo di diventare abitudini e si spensero prima; si negarono ancora precoci, lasciando nella loro incompiutezza una scia e un'aura ineffabile. Nel mancato compimento è la loro perfezione.

Per Spinoza l'amore è la gioia unita alla conoscenza della causa. Obietta José Ortega y Gasset: «Amare non è gioire», come dimostrano gli amori di coppia, l'amor patrio, il martirio per amor di Dio; amare è «un costante emigrare» verso l'oggetto. Un travaglio. Non è un colpo ma un'emanazione continua, una corrente. Amore e odio sono moti centrifughi, virtuali, fluidi, caldi. «Amare una cosa significa impegnarsi per farla esistere» (*Saggi sull'amore*).

Amare è «stare ontologicamente con la persona amata, fedele al suo destino, qualunque esso sia». «Innamorarsi significa essere incantati da qualcosa», ma per Ortega è «una sorta d'imbecillità transitoria». Amare scatena due moti misteriosi e opposti: dissolversi nella persona amata e assorbirla in noi. Ciò che c'invade di solito viene respinto, eccetto che in amore, dove amiamo essere invasi. A ciò corrispondono le due forme di felicità: essere fuori di sé o stare in pienezza dentro di sé. Alienarsi o appropriarsi.

Don Chisciotte è l'amante assoluto e il suo delirio è il solo amore concepibile perché impossibile. Gli amori si struggono nella tensione tra il possibile e il reale, che mai coincidono. *Ab-soluto* è invece il suo amore, sciolto dalla realtà e dalla pretesa di aderirvi, libero dai suoi limiti, i suoi mutamenti, le sue imperfezioni. Dulcinea è un frutto ideale e non teme l'ingiuria del tempo e del mondo. Non persona ma figura, archetipo. Lui cavaliere fuori dal tempo e dal senno, lei sposa immaginaria fuori dalla realtà.

Don Chisciotte amò Dulcinea d'amore assoluto e perfetto, commenta Miguel de Unamuno, senza esigere che lei gli corrispondesse. Si donò ciecamente, interamente a lei. Tragica la morale erotica di Unamuno: solo gli amori infelici generano frutti spirituali, solo quando si chiude all'amore il suo corso naturale, zampilla verso il cielo: sterile nel tempo, fecondo in eterno.

Breve manuale d'amore a uso dei pentiti e dei riluttanti.

L'amore è un patologico desiderio di conferma, prova assoluta di esistere e di essere accettati dal mondo tramite uno, l'amante. Tutto ruota intorno alla pretesa assolutezza della persona che si ama: senza di lei il mondo crolla. Quanti amori sono prigioni senza muri in cui sparisce il mondo, ridotto a emanazione dell'Unico oppure ostacolo che si frappone a lui/lei. L'amore così diventa il pieno che copre il vuoto, surrogato di ateismo. Nessuna eternità ci aspetta, nessuna immortalità; ci giochiamo tutto in quel rapporto e su quella persona. E se lei crolla, crolla il mondo, incluso il suo creatore. Per lui il mondo è superfluo, una cornice vuota, non c'è un prossimo, altri tempi o altri scopi per cui vivere. Nulla fuori di lei.

A volte, inconsapevolmente, si fa fallire l'amore, per non sopportarne il peso, le catene, il tormento. Per Paul Valéry: «La grandezza dell'amore si misura dal male che ci si può fare». «È disgustoso l'amore, quel miscuglio animale-angelo-bambino colpevole ebbro ed epilettico». Terribile e veritiero per metà; ma per conoscere l'amore devi sapere pure il suo risvolto negativo, e il male che può fare.

La persona amata non è tutto, non è l'Unico. Si dovrebbe applicare la teoria della relatività in amore, cessare di essere egocentrici e puerili, pensando che l'universo ruoti intorno a te/lei. Scrive ancora Valéry: «Il geloso vive le inquietudini del sentimento di essere unico. Per lui uccidere non è nulla. È il suo primo impulso».

Amo, un verbo che coincide con un sostantivo uncinato; chi abbocca muore. L'ama, l'apostrofo nasconde l'arma tagliente.

È falso, per Roland Barthes, il proverbio che l'amore accieca. «L'amore spalanca gli occhi, rende chiaroveggenti» (*Frammenti di un discorso amoroso*). Ma profezia e delirio si accavallano nell'alterazione della realtà.

L'amore deviato produce crimini e misfatti. L'amore è nocivo quando si altera, ma si conoscono amori non alterati o non destinati a degenerare? Il meglio che possa accadere nel peggio è che l'amore assoluto si spenga, inebetisca. Se non scema con il tempo e non si sedimenta nell'affetto, rischia di farsi malefico. Sconfina nella patologia, bisogno assoluto dell'altro, dipendenza totale e schiavitù del possesso. L'amore assoluto non sopporta l'assenza né la presenza, si crogiola in un altrove impossibile.

La concentrazione assoluta su un essere *relativo* genera mostri. Può farsi diabolica perché separa la persona dal resto del mondo e dal fluire del tempo. La isola. Quando svaniscono lo spazio e il tempo, tutto è possibile, crimine incluso: si scambiano per fiori le allucinazioni amorose. Per l'innamorato ossessivo ed esclusivo, il mondo è superfluo. Tutto è perduto nell'attonita mania di quel possesso da cui si è posseduti: non c'è eternità, e neanche durata.

Quando si fa morboso, l'amore è un sequestro di persona in un bicamere, paradiso e inferno, con sevizie. Più l'angolo cottura, nel fuoco delle passioni. L'erotismo ridotto a uno stato di liquefazione tra sudore, saliva, sperma e sangue. Amore dis-solubile.

Eco e Narciso s'innamorarono pazzamente, ciascuno di

se stesso. Lei in audio, lui in video. Non si accoppiarono, si duplicarono...

Per Gustave Thibon, «amare è avere fame insieme, e non divorarsi l'un l'altro». A suo dire non ami un essere perché è unico, come credono gli innamorati, ma al contrario, diventa unico perché lo ami. Il miracolo dell'amore, per il filosofo contadino, consiste nel trasformare le occasioni del caso in doni della Provvidenza. Per Thibon, in amore ciascuno deve rinunciare a se stesso per farsi unità; l'amore si fa maligno se pretende che sia l'altro, solo l'altro, a rinunciare a se stesso. L'amore è bisogno di fusione, ma un amore sano giostra tra l'unità assoluta, il rifiuto della dualità e il rispetto della libertà e della personalità dell'altro. L'amore maligno, invece, fa nascere – secondo Nietzsche – «l'idea crudele di distruggere l'oggetto di questo amore per sottrarlo, una volta per tutte, al gioco sacrilego del cambiamento, giacché l'amore teme il cambiamento più che la distruzione»; distrugge per non cambiare. Nietzsche ha capito i femminicidi più degli psicanalisti odierni.

Il destino, bandito da ogni mensa, viene accolto solo in amore. Il destino ci ha fatti incontrare, l'uomo del destino, la donna fatale. Esagerato scomodare un gigante cosmico per una *collaborazione domestica*, in fondo è solo una coppia. Si rifiuta il destino in ogni ambito, salvo riassumerlo nelle vesti di paraninfo a uso privato.

L'amore come malattia: chi patisce ne vorrebbe guarire, chi ne è esente vorrebbe patire. Se l'amore è leggero, non per questo è incruento. Fiumi di romanticherie furono versati sull'amore e la sua bellezza. Ma l'amore è un demone, e come tale va trattato.

Incapace d'amare, inappetente d'amore, anaffettivo, dicevano i responsi prestampati. E lui ne soffriva, anche perché riconosceva un fondo di verità in quel verdetto. Con l'avanzare degli anni perdeva la sua baldanza e pativa la desolazione. Non aveva avuto lunghi, profondi amori. Passioni erotiche, qualche innamoramento sfiorito dopo l'ardore degli inizi, dolci ménage affettivi, anche duraturi, ma non era sicuro di avere davvero amato. Facile desumere, come si fa in questi casi, spesso con ragione, che amava troppo se stesso per amare qualcuno. Amava i lontani, gli assenti, quelli che non tornano più, gli amori impossibili, virtuali, mentali. E se la nostalgia fosse alibi, messinscena e surrogato d'amore? Eppure ormai sfuggiva pure a sé stesso, si evitava e si detestava allo specchio, era trasandato, rifuggiva le occasioni in cui esibire il suo ego. Cercava il dio ignoto, sognava svolte monastiche, pensava di continuo al mondo senza di lui e lo rassicurava ridursi solo a due occhi pensanti, che guardano senza essere visto, e si sporgono nel mondo sgravati dal peso di sé. Considerava l'amore una forza cosmica, oltre e sopra le persone; amava l'universo, il vento, il mare, il sole, la luna, la campagna, gli animali, soprattutto gli asini e i cavalli. Era gentile con tutti, perfino affabile, ma creava spontaneamente distanze. Si considerava inabile all'amore, se ne faceva una colpa e una malattia che con il tempo cresceva. S'immalinconiva la sera, s'incupiva la notte, nei sogni e soprattutto nei risvegli notturni. E quella ferita sanguinava se qualcuno glielo faceva notare. Magari rispondeva per le rime, ma non ti assolve sapere che il pulpito da cui proviene la predica è venato d'incoerenza e ha il tanfo dell'ipocrisia.

L'amore è come il coraggio di don Abbondio, se uno non ce l'ha non se lo può dare. Per lui l'amore è più grande e profondo di una storia a due, di un amore di coppia o paraggi. Il suo era un amore implicito e introverso, riluttante ai gesti e alle parole, più intenso e forse più vero, non fatto di moine plateali, di regali e parole, tantomeno di effetti speciali. Chi ama non fa il cicisbeo né il prestigiatore.

Preferiva amare alle spalle, come altri invece sparlano, amava all'insaputa, tra sottintesi d'amore. Era vero ma era una mezza verità. Restava il nocciolo, la disabilità ad amare. Certo, a guardarsi intorno, non era un'eccezione o un'anomalia: dietro tanti veli di finzione, di affettazione, si vedeva circondato da anaffettivi, disamorati gravi, analfabeti amorosi, refrattari o ipocalorici in amore. Nascosti ma facili da smascherare, egocentrati. Poi ci sono quelli che amano d'impulso, per bisogno o per istinto, con impetuosa e passeggera superficialità. Ma non lo consolava sapersi come tanti, carente d'amore. Mal comune non allevia. Eppure pensava all'amore più di tanti, anche innamorati. E spargeva amore in ciò che diceva, scriveva, voleva, faceva. L'amore per farsi reale deve incarnarsi; vero, però se non hai più la possibilità di dare carne all'amore, che fai, se non dedicarti solo all'amore come pensiero più grande e visione della vita? Non trovava vie d'uscita, soluzioni soddisfacenti, pensava che avrebbe concluso la vita in solitudine, fino a morire d'amore, e non per i dolori che procura ma per carenza. Però, ripeteva, l'amore è più grande di te, di me, di noi due messi insieme. Se l'amore non è dentro di me, io sono dentro l'amore: lo penso, lo vivo. Così mitigava il tormento e riusciva appena a dormire. Chi non si riconosce in lui, o non riconosce in lui qualcuno di sua stretta conoscenza, alzi la mano o ammetta la sua ipocrisia.

L'atto elementare che salva l'amore è vedere le cose con gli occhi dell'altro, mettersi nei suoi panni, soprattutto quando sorge un contrasto, e da lì capire i suoi motivi. Entrare nelle parti, non pretendere di essere il tutto. Amare vuol dire prima di tutto comprendere, poi affidarsi, e donarsi.

Quando un amore finisce, trascurato o abbandonato, non vuol dire necessariamente che si è essiccata la sua fonte o che siamo inariditi; al suo posto può essere sorto un amore più grande, anche d'altro genere. Purtroppo, sempre più spesso, quell'amore più grande è rivolto a se stessi: il *selfie made man* è un antiamore che non sporge fuori di sé ma è un balcone che s'affaccia all'interno, con vista nel proprio soggiorno.

Non privatizzate l'amore, è un bene universale e trascendente. L'amore di coppia, l'amore esclusivo per una persona, è amore piccolo benché prezioso, è già qualcosa, purché non ostruisca l'amor grande o pretenda di sostituirsi all'universo. Viverlo come il primo gradino dell'amare, non come il suo compiersi ed esaurirsi. L'amor tuo è bello e fa bene, forse è necessario ma non sufficiente.

## Terzo grado
## AMOR FAMILIARE

*Luogo primario dell'amore, la famiglia è legame necessario*

Il primo amore, quello che davvero non si scorda mai, è l'amore materno. Nasce con noi, anzi prima di noi, cresce con noi, ci accompagna fino alla fine, e anche oltre. L'amore materno è il più puro e il più carnale degli amori. Non c'è amore che sia più carnale e più spirituale dell'amore di una madre e per una madre. È un amore totale, incondizionato, assoluto, senza altri fini se non l'Essere in sé, in cui si fondono anima e corpo. È l'amore necessario per definizione, bisogno vitale, dedizione naturale. L'amore materno è il primo in ordine biologico e cronologico nella catena degli amori di famiglia, è prenatale: poi ci sono l'amore paterno, l'amore fraterno, l'amore filiale e via dicendo. E dopo, gli amori scelti, voluti, preceduti dall'innamoramento.

L'amore materno è alla base della nostra vita, costituisce il patrimonio originario, materiale e immateriale, su cui ci fondiamo, e la relazione primordiale col mondo, archetipo di tutti i legami sociali che verranno: a partire dall'amicizia, che è una familiarità elettiva, una fraternità scelta, per affinità. Tutti i legami comunitari hanno la loro fonte originaria, il primo esempio e modello, negli amori familiari.

La famiglia è oggi la comunità più ferita e più avversata dal *cupio dissolvi* della società individualista di massa. Nonostante i segni evidenti delle sue lacerazioni, resta l'alveo originario e il rifugio più sicuro, la casa degli affetti assoluti e della vita più autentica. La nascita, la vita, le gioie primarie, i dolori più intensi, i passaggi biologici più importanti, gli eventi più significativi e i momenti più decisivi hanno luogo nel grembo dell'amore familiare.

L'amore per la famiglia è l'archetipo universale e reale dell'amore necessario, perché è un amore che precede la volontà, la libertà, la decisione individuale; è un amore ricevuto, assegnato dalla sorte. L'Essere precede l'amare, s'intreccia al bisogno, ma la necessità proviene dall'indole e dalla propensione, non dall'obbligo o dalla costrizione. Non può nemmeno ridursi alla sfera degli istinti, perché nell'amore familiare è coinvolta l'integrità dell'Essere, la mente, il corpo, l'anima, il sangue. I legami amorosi più forti e più duraturi, se non imperituri, sono quelli che non siamo stati noi a volere. D'altronde anche gli amori di coppia, quando vogliono esprimersi alla massima potenza, invocano la presenza di astri, fate e fati, o divinità amorose: è il destino che ci ha fatti incontrare, sei la donna del destino. Il suggello a un amore è dato non dalla scelta ma dalla fatalità; ossia, dall'intervento di fattori superiori.

Poi, naturalmente, nella vasta e variegata casistica della vita, ci sono famiglie malriuscite, rapporti familiari pessimi, storie domestiche dolorose e a volte terribili, e ci sono amori di coppia, o anche amicizie, rapporti di affinità, decisamente migliori dei legami familiari, più belli, più veri, più intensi. Ma, se facciamo riferimento alla storia dell'umanità in generale, all'universalità delle esperienze umane nel corso dei tempi, possiamo confermare, invece, che il legame più saldo e tenace, che resiste al tempo e ai mutamenti anche personali, resta quello familiare. È il legame fondato sulla cura, la dedizione, la premura senza contropartite: necessario. L'amore qui muove i primi passi, insieme alla conoscenza. Nella famiglia viviamo la prima esperienza dell'altro, dell'apertura e del limite, dunque della soglia: c'è qualcuno *oltre a me*, al di là del mio egoismo o necessario al mio stesso io.

La famiglia è il luogo in cui ciò che fai, ciò che sai, ciò che hai e ciò che sei non determina l'amore né lo accresce o lo diminuisce in modo decisivo; il suo amore coincide semplicemente con l'esserci, con la presenza, e talvolta perfino con l'assenza. L'amore è giustificato dal solo esistere e da quel legame di appartenenza che già da sé basta a fondare l'affetto.

Decisivo nell'amore familiare è il legame al cospetto della morte. La paura di morire è preceduta dalla paura di veder morire i propri familiari, di perdere la madre, il padre, i nonni, perché da giovani alla propria morte non si pensa: la paura di morire è la paura per la morte dei propri cari. Il ricordo comune dei morti è la segreta unità di una famiglia nel tempo: il lutto condiviso, il comune pianto e rimpianto. La morte fonda e rifonda l'amore familiare, pone radici sotto terra e stelle in cielo. Ogni vero amore è essere per la vita e presuppone l'essere per la morte, è un provenire da quel limite e da quella memoria.

Dopo la morte dei cari, il lutto, il vuoto, la memoria, i ricordi sono la scia di un amore indelebile che resta vivo finché durano la vita e la mente di una persona. La memoria dei cari perduti è il cordone ombelicale inverso che ci lega a loro oltre la morte e li tiene in vita anche dopo che se ne sono andati.

La famiglia «scelta»: è questa l'espressione chiave per l'adozione di una nuova, radicale sostituzione. Basta con la famiglia «costretta», ossia la famiglia naturale, con i suoi legami di sangue e i suoi vincoli determinati dall'essere padri, madri, figli, fratelli biologici. La famiglia scelta è una famiglia volontaria, adottiva, collettiva, libertaria ed egualitaria, in cui vivono sotto lo stesso tetto persone varie, e animali annessi, indipendentemente dal genere e dall'orientamento sessuale. In una parola, la famiglia *queer*.

Il mito di fondazione della famiglia *queer* è stato associato di recente a Michela Murgia, la scrittrice che prima di morire ha deciso di rendere pubblica e solenne la sua famiglia scelta, ibrida e allargata. Come tutti i miti di fondazione, la morte della fondatrice ha suggellato simbolicamente questa famiglia elettiva, l'ha resa quasi sacra, pur essendo dissacratoria e ironica verso la famiglia naturale e tradizionale. I media, i circoli militanti, i cenacoli intellettuali si sono impegnati a tradurre quell'esempio di famiglia *queer* in modello di riferimento alternativo rispetto alla famiglia «coatta», in una battaglia politica e civile per rivendicare la libertà d'amare e di scegliere senza alcun limite che non sia posto dai propri desideri.

Cos'è una famiglia *queer*? «Una famiglia ibrida fondata sullo *ius voluntatis*, sul diritto della volontà», spiegava Murgia. E i suoi discepoli, hanno illustrato la famiglia scelta come una struttura variabile, oltre che volontaria: comprende animali, svariate sorelle, papà e mamma elettivi (si scelgono i padri e le madri con votazioni, si procede per acclamazione, si va a rotazione?). Ciascuno specifica, come si faceva da bambini, quale funzione assume nel gioco di ruolo che sostituisce la famiglia naturale... Ribadiscono che il sangue non conta, la famiglia tradizionale è un'istituzione superata, ingessata e falsa; non ha mai funzionato bene, ma ora non funziona più.

Sono noti i precedenti della famiglia *queer* e le loro veloci parabole, tra collettivi, comunità hippy, sette e centri sociali. Quelle famiglie allargate non durano molto più di un set di un film di Almodóvar o di Özpetek.

Sarebbe facile ironizzare su quelle tesi e quei gruppi di conviventi, ma proviamo invece a ragionare seriamente, partendo dal rispetto delle scelte altrui, dichiarando un franco dissenso preliminare se pretendono di essere sostitutive rispetto alle famiglie, che costituiscono la realtà naturale e di lunga durata in cui viviamo da piccoli e da sempre e che sono l'esperienza di vita su cui si fonda la società e la sua perpetuazione. Dunque, che cos'è quella società allargata di conviventi con libera e mutante sessualità? È una libera e provvisoria associazione, fondata sull'adesione e la partecipazione volontaria; non è una famiglia, è un'altra cosa, è priva di necessità. Qual è il legame tra i suoi componenti? L'attrazione, l'empatia, lo stare bene insieme: in definitiva, non l'amore familiare ma l'amicizia. È vero: a volte i legami di amicizia possono essere più vivi e più veri di quelli familiari, ma in generale il legame amicale è diverso da quello amoroso, è un legame laterale, non verticale né viscerale, tantomeno riproduttivo. Non genetico, non di sangue, non di identità né di appartenenza. La natura biologica dell'amore familiare non può essere colmata da una pura e volatile consonanza amicale. Probabilmente quella tendenza a concepire famiglie allargate e case aperte risponde da un verso al vuoto lasciato dalle famiglie numerose e patriarcali di un tempo, che erano insiemi assai vivaci e aperti, pieni di umanità e di diverse scale generazionali, ma dall'altro risponde al vuoto dei rapporti di amicizia, sempre più sporadici, distanti, telefonici, sempre meno attivi, in una società di solitudini. Queste tribù allargate sotto uno stesso tetto suppliscono a questa duplice carenza della nostra società frammentata. Si può arrivare a dire che, se l'alternativa è l'isolamento, il solipsismo, ovvero la solitudine non come scelta ma come perdita del mondo e intima depressione, ben vengano questi gruppi allargati, affettivi prima che sessuali, che fondano comunità elettive e convivenze vitali. Ma non chiamiamole, con un linguaggio che ricorda il gergo camorristico, «nuove famiglie organizzate». Sono società di amici. Per l'amicizia si può persino rinunciare all'amore, insegnava *Nathan il Saggio* di Gotthold Lessing, che reputava la relazione amicale preferibile alla turbolenta passione amorosa. Ma l'amore dà frutti che l'amicizia, anche la più fruttuosa, non può dare. Dopo aver distinto i due piani, si può riconoscere a ciascuna la sua positiva ragion d'essere.

La critica sorge quando le convivenze amicali si configurano come la famiglia del futuro, con la pretesa di sostituire i legami familiari e di cancellare, degradare, svalutare tutto quel che proviene dalla natura, dal sangue, dall'ereditarietà, dai legami del destino, rispetto ai consorzi fondati sulla volontà e la libertà dei singoli. Volontà che è soggettiva, e quindi conflittuale, rispetto ad altre volontà soggettive, ed è mutevole, e quindi non può garantire costanza e sicurezza degli affetti, come invece quelli tra genitori e figli o tra fratelli. E legami che non sono fecondi perché le associazioni di tipo omosessuale non possono riprodursi se non «usando» terzi (uteri in affitto, fecondazioni artificiali, compravendita di corpi, semi, ovaie, neonati, adozioni ecc.).

Bisogna poi proiettarsi nel futuro e chiedersi: che prospettive hanno queste convivenze? Se reggono su fattori aleatori, occasionali, psicologici, sul trovarsi bene in certe situazioni di luogo e di tempo, difficilmente sono durature e resistono alle ingiurie degli anni, e rischiano di diventare strada facendo convivenze costrette, per via di mutati rapporti e sopraggiunti bisogni, non più fondate sullo *ius voluntatis*. Vanno dunque accolte nella loro volubile transitorietà, per vivere insieme un momento di vita. Le famiglie naturali, pur così vecchie, malandate e contestate, hanno un destino diverso, possiedono legami forti, preterintenzionali, non revocabili, che durano una vita e anche oltre.

Le fratellanze senza padri e madri rischiano di degenerare in fratricidi: se non riconosci una comune origine, un padre e una madre come sintesi e fondamento del legame, alla fine, passato il periodo dell'abbraccio emotivo, insorgono le divergenze, le priorità, le egemonie. Ogni volontà, alla fine, è volontà di potenza, di dominio: se non personale, ideologica, di un modello, di una struttura, di un collettivo. Le volontà non fondano i legami d'amore più di quanto non li facciano saltare in corso d'opera. Perché le volontà mutano, non si fondano sull'Essere e sono affacciate sull'infinito e sul non essere.

L'idea di superare la famiglia riflette il sogno prometeico della modernità: la liberazione dalla natura, il passaggio dal regno della necessità a quello della libertà, l'autonomia assoluta dell'individuo. La convinzione sottostante è che l'uomo adulto, moderno, emancipato possa decidere in modo autonomo e sovrano, esercitando il libero arbitrio. In realtà il nostro volere deriva da cause e fattori in larga parte indipendenti dalla nostra libera decisione e non controllabili: alla base del nostro pensare, volere e agire c'è un intreccio di fattori genetici, ereditari, di esperienze, di educazione, di indole, di condizioni sociali, economiche o derivate da luoghi, tempi, gruppi in cui viviamo. Lo faceva notare Einstein, prima ancora delle neuroscienze. La famiglia è la rappresentazione di quell'intreccio che sostanzia i comportamenti e le decisioni: fondata sul principio di realtà e di necessità, dimostra quanto la nostra volontà e la nostra libertà siano condizionate. Libertà è responsabilità e coscienza della necessità, significa rispondere di ciò che siamo e trovare soluzioni che riescano a contemperare essere e volere, limiti e propositi. L'amore in famiglia è necessario, prima che volontario.

Puoi cancellare un amore e sciogliere un matrimonio ma non puoi revocare una paternità, una maternità. Si resta padri, madri, figli e fratelli per sempre, al di là della nostra volontà e decisione. Una storia d'amore si può recidere, un legame genetico no, rimane indipendentemente dalle nostre scelte. Legame indissolubile e irrevocabile, non si può divorziare da chi ti ha messo al mondo e da chi hai messo al mondo. Amore necessario e incancellabile, amore del destino: così è l'amore fraterno. Benché possa incrinarsi, soprattutto alla morte dei genitori, il vincolo fraterno è il legame più duraturo, anche perché nell'ambito della stessa generazione, legame totale benché laterale. Con il padre e la madre si è per metà consanguinei, ma con i fratelli lo si è per intero, stesso seme e matrice, non per scelta ma per destino, in un legame incancellabile che non si può spezzare. Si è fratelli per sempre.

La famiglia sta male già per conto suo: l'atomismo e l'egocentrismo, il narcisismo e la fluidità, i desideri infiniti e le pretese di autonomia la mettono a dura prova. Spesso i matrimoni saltano e il vero rapporto indissolubile, alla fine, è di tipo verticale: tra genitori e figli, che non si può disdire o revocare, come invece può accadere nel rapporto di coppia. Non idealizziamo la famiglia tradizionale, cogliamone i limiti, i difetti, i contrasti con una società troppo aperta, fluida e individualista, che non riconosce tra i suoi orizzonti i doveri e i sacrifici ma solo i diritti in funzione dei desideri, e così mina alle basi la famiglia. Però, provate a pensare *senza*, provate a liquidare la famiglia, a ritenervi solo figli del vostro tempo e delle vostre scelte, anziché della storia e della famiglia da cui provenite. Provate a perdere quel riferimento, necessario anche quando lo confutate e ve ne chiamate fuori. Provate a negare quell'alveo d'origine, quel luogo d'infanzia e di formazione, quel rifugio primario, quel bisogno originario di sicurezza, quell'ambito, quella casa, dove i legami sono autentici proprio perché biologici, naturali, precedenti la nostra stessa volontà, veri e istintivi, ma anche psicologici e spirituali. Noi non nasciamo dal nulla né come una tabula rasa su cui poi decidiamo in sostanziale autonomia cosa incidere e cosa no. Noi nasciamo eredi biologici, con vincoli, bisogni e con forti legami naturali affettivi, gli stessi che commuovono quando si parla dei cuccioli di Amarena, l'orsa abbattuta in Abruzzo. Se vale per gli orsi, vale anche per gli uomini… Quel che precede la nostra libertà e la nostra volontà si chiama natura, identità, origine, destino. Perché dovremmo disprezzare, rigettare, rimuovere, spezzare tutto quello che non abbiamo deciso noi? Non ci siamo autocreati e tutto ciò che costruiamo non sorge dal nulla, ma sempre da realtà preesistenti, memorie, esperienze e patrimoni di vita precedenti.

Create pure le case arcobaleno e le reti amicali, andateci a vivere, liberi di farlo, senza impedimenti, ma non sostituiscono la famiglia da cui provenite né quella che si costruisce accoppiandosi e procreando. Sono piani diversi e non intercambiabili. Bisogna saper distinguere, e rispettare, la sfera dei legami naturali da quelli elettivi. Entrambe possono generare conforto o angoscia.

Famiglia scelta è anche quella che nasce da ogni coppia eterosessuale che ha scelto di unirsi e procreare. Ci sono unioni che acquistano valore e significato perché frutto di una scelta e ci sono legami che trovano il loro valore e significato perché precedono le scelte, sono necessari e naturali. È un saggio equilibrio rispettare i due ambiti, senza pretendere che l'uno sostituisca l'altro.

Noi siamo quello che siamo e diventiamo quel che siamo; non nasciamo dalla nostra volontà e dai nostri desideri. Siamo creature: taluni talvolta possono essere creativi, ma non siamo creatori, al più procreiamo. *Ex nihilo nihil fit*, niente nasce dal niente.

La famiglia trae forza dalla realtà, è la vita dell'Essere, la volontà invece trae forza da ciò che ancora non c'è, il non essere.

Le famiglie deperiscono fino a perire, se ciascuno rifiuta il proprio ruolo e disconosce quello altrui: se il padre non fa il padre, se la madre non fa la madre, se il figlio non fa il figlio. Non sono canoni convenzionali, parti in commedia, ma ruoli scaturiti dalla natura, dalla storia, dall'esperienza e dal reciproco, reale bisogno. Capita, a volte, che in famiglia si debbano colmare le carenze altrui. La compensazione dei deficit è armoniosa quando avviene dentro il legame d'amore; se sopraggiungono il fastidio, il rigetto, il non sopportarsi a vicenda, allora è la fine.

Per demolire la famiglia naturale e tradizionale si fa appello ai dati sulle violenze, si tirano in ballo i soprusi e gli abusi in famiglia. Si sottolinea, con malefica insistenza, che i crimini commessi contro donne e minori avvengono soprattutto tra le pareti domestiche e per mano di padri, mariti, fidanzati e familiari. Lo scopo di questa campagna è diffamare l'istituzione familiare, farla scadere da *focolare* di affetti e premure a *focolaio* di violenze e abusi. È ovvio che queste violenze accadano più tra congiunti che tra estranei o casuali passanti, perché la persona che ci sta accanto è il primo bersaglio su cui scaricare debolezze, ossessioni, manie, dipendenze; il resto del mondo è più difficile da raggiungere, la prossimità vale anche in negativo.

L'intento subdolo della denuncia è ritenere la famiglia tradizionale o la coppia stabile come la fonte infetta di crimini e misfatti, mentre prevale la sordina se l'assassino o lo stupratore è esterno alla coppia, soprattutto se è straniero. Il pregiudizio antifamiliare si fonda su un'enorme omissione e un macroscopico errore: a fronte di alcune migliaia di casi di violenza e sopraffazione in casa, ci sono milioni di famiglie e di coppie che non conoscono violenze e soprusi ma amore, cura, comprensione, rispetto reciproco. Migliaia contro milioni, e, se parliamo di femminicidi o di violenze ai minori, sono centinaia di casi contro milioni di rapporti sereni, affidabili, perfino noiosi. Magari pure contrastati o ipocriti, naturalmente imperfetti, ma non violenti e traviati.

Non puoi sfuggire al destino familiare, anche quando ti chiami fuori ci resti dentro. Lasciando casa, non ti lasci alle spalle anche la rovina: te la porti dentro.

Il legame familiare è condivisione di sorte. Ma è mio padre, ma è mio figlio: comunque sia e qualunque cosa abbia fatto, è mio padre, è mio figlio. Dunque sono con lui, mi appartiene, posso prendere le distanze dal suo agire, ma ne condivido la croce. Prima del familismo amorale, c'è il familismo amorevole.

Ci sono famiglie in cui la parola amore non è di casa o nel lessico abituale. Eppure sono fondate interamente sull'amore, non si concepiscono senza. Amore non detto, implicito, senza effusioni e pronunciamenti, salvo qualche dolcezza materna, ma vero e pieno come l'aria che respiri.

Di quell'amore, respirato dall'infanzia alla giovinezza, fai scorta dalla quale attingerai per il resto della vita. Quando l'amore viene a mancare, e accade sempre più spesso, la provvista accumulata allora compensa la penuria e l'apnea, restituisce il respiro tramite il ricordo e la dolcezza degli affetti, ti permette di continuare a vivere. Amore semplice, senza contropartite, che si nutre solo del suo dare. Volersi bene per l'eternità.

L'amore per i figli si alimenta del vivo ricordo della loro infanzia e della viva preoccupazione per il loro futuro, un intreccio di memoria e apprensione. Nell'amore verso i figli il presente è inseparabile dalla tenerezza per la loro infanzia e dalla premura per il loro avvenire: mentre è qui, davanti a te, appare dietro di lui il bambino che è stato e si affaccia oltre la sua figura l'adulto che sarà, anche quando tu non ci sarai più. L'amore per un figlio è in questa convergenza misteriosa del tempo, in una speciale totalità simultanea che abbraccia passato, presente e futuro.

Più che le parole consapevoli sono significativi i gesti involontari del legame familiare, quelli che mostrano affinità, somiglianze e analogie: fa come suo padre, è come sua nonna (quel che si fa risalire al cosiddetto *imprinting* genomico).

Poi c'è l'amore per gli assenti. È bello avvertire dentro, dietro e intorno a sé la loro presenza amorosa, sentirsi carichi di vite andate e d'amori spesi e ricevuti, sentirsi amati fuori dal corto raggio del luogo e del momento, venire da lontani e non sprecati amori, consuetudini d'affetto e legami indissolubili che la morte rende invisibili e perenni perché sottratti all'usura dei giorni. Portare nei propri occhi, nella propria mente, nei propri geni, quell'impronta d'amore che ti fece nascere e fiorire. Privandoci di questo, impoverendoci, la morte lascia in compenso questa grata ricchezza: niente e nessuno potrà più rubarti il tesoro di quelle origini, perché fu depositato in luoghi inaccessibili al tempo e all'umano.

*Esercizi d'amore.* Chiudete gli occhi e concentratevi per richiamare alla mente a una a una le voci delle persone che avete amato e che non sono più presenti. Passatele in rassegna, centellinatele fino a sentirle risuonare nella memoria e nel cuore, con il loro timbro di voce, il loro tono, associandole allo sguardo, l'ultimo sguardo di lei, di lui, che vi resta impresso benché remoto e ormai sfocato. Se volete rendere più intenso quell'esercizio, ripartite dalla memoria della vostra voce che li chiama, vedeteli apparire e sentite la loro voce che vi parla e il loro sguardo che vi scruta. Ricordateli poi senza di voi, quando parlavano tra loro o quando si rivolgevano ad altri e non sapevano che voi li stavate ascoltando. È questa l'arte di procurarsi sogni, di rianimare il silenzio e di convocare gli assenti in un simposio di nostalgia. Oggi ci si può aiutare anche con la tecnologia, ci sono mezzi prodigiosi per evocare e far tornare gli assenti, ma meglio tendere i muscoli della memoria che si fanno ricordi e risonanze: spremere la mente con il cuore per ricavare quel succo è più bello. Un esercizio difficile e delicato, come risalire la corrente, sfidando le rapide impetuose che vorrebbero trascinare verso il basso, nel gorgo letale, fino alla valle dell'oblio. La pietà della vita è protesa in quel risalire la corrente del tempo e ritrovare, integri e veri, quei segni, quelle voci, dell'altro mondo, che un tempo era questo. L'amore si cura anche del passato.

I *Frammenti di un discorso amoroso* si ricompongono in Barthes nel grembo di sua madre. Il vecchio Roland raccontò il suo amore assoluto per la madre perduta nel diario *Dove lei non è*, in cui visita la sua tomba con il vano desiderio di imprimere segni a quella visita: «Arrivato là non so che fare. Pregare? Cosa significa? Con quale contenuto? Semplicemente l'abbozzo fuggitivo di un assetto d'interiorità». Per non restare inerte, il filosofo dei segni si scopre analfabeta semiotico: è muto, abbandona il campo e riparte subito. È impossibile comunicare, lasciare un segno davanti alla morte, se non ti congiungi al sacro e al destino. L'unico linguaggio davanti alla morte privata di senso è il vuoto tacere, la rimozione, la fuga.

Un uomo di novantadue anni, in Trentino, fugge da una residenza per anziani – chiamatelo pure ospizio, se preferite – e torna a casa con le sue gambe. Organizza per bene la fuga: mette dei cuscini nel letto per simulare la sua presenza ed eludere la sorveglianza, percorre vari chilometri a piedi e infine ritrova la sua casa e vi si barrica dentro. Sarà riportato in ospizio, ma la storia ci lascia alcune lezioni. Innanzitutto, che un uomo a novantadue anni non è finito, ma ha ancora volontà e capacità di autodeterminazione, riesce a trovare la strada da solo, ma riesce soprattutto a trovare energie fisiche e mentali per costruire e portare a compimento il suo piano: reagisce con un atto vitale all'idea di accettare la morte in forma rateale, giorno dopo giorno, nell'apposita anticamera (*cotidie morimur*, dicevano i latini). Secondo, che la solitudine dei vecchi è oggi siderale, assoluta, e non c'è Rsa che possa dar loro conforto e assistenza, quando mancano gli affetti primari e quel museo degli orrori che è considerata la famiglia, la grande latitante, pur con tutte le giustificazioni che può accampare. Infine, che la voglia di tornare a casa è la voglia di tornare se stessi, di abbracciare il proprio mondo e il proprio passato, di ritrovare il luogo che ci vide giovani o solo meno vecchi, con tutta la costellazione di affetti, premure, consuetudini che danno senso e sapore alla vita. E il luogo in cui ritrovare l'amore per la propria famiglia, anche come assenza, nostalgia, itinerario di souvenir e di ricordi.

Quanti vecchi come lui sognano di tornare a casa, di fuggire dagli ospizi variamente denominati, anche confortevoli, quando non addirittura lussuosi, per riprendere il flusso amorevole della vita, e magari concludere la loro esistenza non in un posto separato, asettico, privo di ricordi e di odori nostrani, ma là dove hanno vissuto, patito, gioito, faticato, amato. L'eroe trentino, fuggito dall'Rsa interpretando il Ribelle jungeriano in chiave senile, e passando dal bosco per poi tornare a casa, voleva tornare a vivere, non gli bastava più tirare a campare. Il suo gesto non è un'istigazione alla fuga riservata ai vecchi, ma è un messaggio per tutti coloro che non vogliono solo tirare avanti, ma vogliono vivere, nella pienezza del loro senso e dignità, pur con tutti i limiti e le incertezze di una condizione precaria, cagionevole. Giacché la vecchiaia in sé, dice Cicerone, è una malattia, indipendentemente dai malanni di cui ciascuno soffre. Un gesto di fierezza e dignità, ma anche una ricerca estrema di felicità nella dimensione più genuina, quella di tornare alle proprie cose, alla propria vita, alla padronanza della propria esistenza, attraverso un piccolo universo che si avverte come il proprio habitat. Una dichiarazione d'indipendenza, un sovranismo senile e individuale, ma che riapre un mondo di affetti, di nostalgie, di relazioni perdute. Dietro questa istanza si scorge comunque una lacuna e il grido di dolore per la sua mancanza: non c'è più la famiglia a tenere insieme ogni età dalla prima infanzia all'ultima vecchiaia. Possiamo almeno dire che è una perdita enorme e incolmabile? Siamo realisti, non pretendiamo che figli e nipoti riportino a casa i loro padri, le loro madri, i loro nonni. Però è necessario immedesimarsi nella vita degli altri, a partire dai propri cari, per vedere il mondo con altri occhi, sotto un'altra luce. E aprirsi, caricarsi sulle spalle la vita, senza pretesa di eroismo e di martirio, munendosi di coraggio e di pazienza, che sono poi gli ingredienti della forza d'amare. Ci scontreremo dopo con i nostri limiti, le nostre fragilità, le buone ragioni, nostre e altrui. Però quel giovanotto di novantadue anni, eroe della vecchiaia che non si arrende, dice qualcosa davanti a cui non possiamo far finta di niente, limitandoci a un like sulla sua bella storia per passare subito ad altro… La vita vera ci chiama e non possiamo voltarci dall'altra parte, scrutando il vuoto e il nulla, di fuori e di dentro.

Quanti amori si affievoliscono nella routine familiare, ma a volte ci sorprende il contrario. Dalla spenta routine nasce un vivido miraggio: «Che misterioso accidente, l'amore», scrive Gesualdo Bufalino nelle *Calende greche*. «Una persona che ti è familiare da tanti anni, la guardi con la neutra benevolenza con cui si osserva un mobile in una stanza, una nuvola nel cielo. Ed ecco che, combinandosi luogo e tempo con un buonumore del sangue e dell'immaginazione, d'improvviso lei esorbita fuori di sé, tocca col capo lo zenit, affonda i piedi nelle radici dell'oceano, diventa aquila, fenice, fulmine. E tu sbigottisci, avvampi, balbetti, benché sappia con tutte le forze della tua mente che si tratta d'un qui pro quo, che stai scambiando per cosa salda, un miraggio del desiderio».

Oggi l'amore familiare si riversa spesso sugli animali. La loro adozione assume a volte aspetti patologici o ridicoli: cani e gatti vestiti come bambini, portati nei passeggini, chiamati con nomi umani, trattati come figli, con appositi badanti. Senza nulla togliere all'affetto che molti hanno per gli animali, i legami umani dovrebbero valere più di quelli zoologici, i bambini venire prima dei cani: è un richiamo alla nostra reale natura e alla gerarchia degli esseri e dei beni. Rischiamo la sostituzione zoologica.

Non dimentichiamo, però, che spesso cani e gatti si aggiungono ai figli, non li sostituiscono, e ci sono singoli o coppie che adottano animali perché non possono avere figli o sono rimasti soli in vecchiaia. Bisogna distinguere le situazioni e rispettare le propensioni affettive, anche se è innegabile che ci siano esagerazioni, feticismi e fanatismi animalisti che giungono fino all'umanizzazione delle bestie.

L'affetto per gli animali a volte è un rimedio, un balsamo contro la solitudine affettiva, endemica o sopraggiunta con il mondo globale. Spesso è l'unica presenza "naturale" in un mondo artificiale, è un barlume d'affetto e di cura rispetto all'indifferenza e alla pura concentrazione su se stessi.

Chiunque ami, a qualunque livello, fa bene al mondo. Ma riflettiamo un momento: quali molle spingono verso gli animali, oltre alle delusioni e alle frustrazioni patite nei rapporti umani? Un animale non ti mette in discussione, non ti fa pensare, ti fa aderire più direttamente alla realtà e ai sensi; con l'animale hai rapporti dall'alto in basso, la sua è una dipendenza affettiva assoluta, senza riserve. Con un cane, in particolare, puoi esercitare il comando, la superiorità e il controllo sulla sua vita. Amare una persona è più difficile, perché richiede confronti, capacità di comprendere e farsi comprendere, esige di pazientare, rivedere le proprie convinzioni, mettersi nei panni dell'altro, in un rapporto reversibile. Tutte queste ragioni, comprensibili e variamente apprezzabili, spiegano le relazioni affettive con gli animali domestici. Non si disprezza mai un amore, si cerca di capirlo e collocarlo sul giusto piano.

Al filosofo non si addice la famiglia, ma una specie di celibato laico, come monaci della ricerca o sacerdoti del sapere. Questo insegnano le vite dei filosofi dall'antichità ai tempi moderni. E tuttavia non pochi filosofi seppero coltivare una virtuosa bigamia e amarono il sapere e la famiglia, non rinunciando all'uno e all'altra. Giambattista Vico e Giovanni Gentile e Pavel Florenskij ebbero numerosi figli, furono padri premurosi e dolcissimi, elogiarono la famiglia come fondamento della società, onorarono la maternità e l'amore paterno, concepirono le famiglie come «seminari di repubbliche» e basi di una religione civile che affronta con serietà la vita.

Famiglia è la nostra nudità al cospetto della vita e della morte, della nascita e della vecchiaia. Se l'ontologia si facesse carne, se la filosofia dell'Essere fosse traducibile in vita, persona e corpo, la famiglia sarebbe la sua dimensione propria, la sua affermazione originaria. La famiglia è il luogo, l'ambito in cui l'ontologia si fa presenza reale; la famiglia è la realtà vivente dell'Essere: ogni morte è compensata da una nascita, ogni vecchiaia da un'adolescenza; la sua negazione opta per la libertà di non essere. La volontà vuole all'infinito, la famiglia è accettare l'Essere e i suoi confini di casa.

All'amore materno e familiare sfugge tuttavia un ospite ardente e irrequieto, estraneo eppure necessario, come gli altri commensali d'amore. C'invoglia a uscire di casa, a tentare l'impresa, affamati d'amore e al tempo stesso traboccanti di esso. Quell'ospite inquieto si chiama Eros, centauro fatto di corpo e pensiero, metà amante, metà filosofo.

## Quarto grado
## AMOR DI SAPIENZA
*In principio fu Platone, il mito di Eros si fa filosofia*

In principio è Platone. La prima, elementare associazione d'idee tra l'amore e il pensiero è nella definizione di «amor platonico». A lui si deve il primo, organico pensiero dell'amore, il mito fondativo dell'amore e la scoperta che Eros è filosofo e la filosofia è amore di sapienza. Platonico è il ponte degli innamorati: la sua riflessione collega le due sponde tra il mito e il pensiero, la teologia e la filosofia, l'anima e il corpo, la pulsione e la riflessione, l'amante e l'amato, l'individuale e l'universale, il tipo e l'archetipo. Platone, secondo Simmel, è l'unico dei grandi filosofi a porsi il problema spirituale dell'amore nel suo significato immutabile e metafisico. L'eros come principio trascendente.

Riprendiamo i miti del suo *Simposio*, leggendoli con i nostri occhi.

Il primo è il mito dell'androgino, che espone Aristofane. In origine, dice il commediografo, c'erano gli androgini, che erano la sintesi dei due sessi. L'androgino era una figura rotonda, dotata di autosufficienza erotica, perché aveva organi genitali sia maschili che femminili, come l'ermafrodita, fusione di Ermes e di Afrodite, un corpo maschile e uno femminile. Nei *Frammenti di un discorso amoroso*, Roland Barthes dice di aver passato vanamente un intero pomeriggio a disegnare l'androgino, concludendo che non è raffigurabile. La sua autosufficienza lo rendeva chiuso al mondo, perché l'androgino bastava a se stesso, non aveva bisogno d'accoppiarsi. E questa sua indipendenza lo rendeva superbo anche rispetto agli dei. Fu così che Zeus decide di punire la sua arroganza di autarca e lo divide in due. La divisione lo porta alla disperazione: perché il bisogno, il desiderio di riunificarsi lo portava ad accoppiarsi alla metà mancante, in un modo che ricorda le cicale: le due metà si univano per terra, possedendo – secondo il mito – organi genitali laterali. Ma Zeus s'impietosì davanti alla sofferenza degli androgini dimezzati, e così permise che le due metà potessero combaciare. Quella è la nascita dell'amore, l'unione di due differenze e di due carenze che si colmano reciprocamente: dalla nostalgia dell'unità perduta all'aspirazione ad accoppiarsi, coronata seppure in un effimero amplesso. Così nasce l'atto d'amore, l'accoppiamento.

Rispetto all'androgino originario ha perduto la sua autosufficienza, ma insieme la superbia della sua indipendenza e autonomia, però ha guadagnato tramite l'umiltà – che deriva da *humus*, e l'androgino dimezzato si accoppiava per terra – l'aprirsi al mondo e il protendersi verso gli altri, grazie alla clemenza celeste che rende armoniosi i due corpi dimezzati e combacianti gli organi genitali. L'amore nasce dunque dall'aprirsi all'altro, alla sua ontologica differenza che colma la nostra carenza, e sorge dallo slancio amoroso, assente quando l'uomo non aveva bisogno di unirsi.

È l'imperfezione che genera l'amore e costituisce l'umanità: la perfezione è aspirazione, momentaneo combaciare, attraverso un atto, che poi si prolunga nel tempo tramite l'effusione, la cura, la premura verso l'altro, l'attenzione.

In verità, nel *Politico* Platone racconta il mondo che precede l'Eros: nell'età di Crono i mitici antenati dell'uomo non nascevano dall'accoppiamento dei sessi ma germogliavano dalla terra. Dunque, non erano mossi da Eros o dal richiamo afrodisiaco. C'è uno stato, uno stadio che precede l'amore. Pur considerato da Platone il più antico tra gli dei, Eros, in realtà, non è un dio. I miti non hanno una fonte unica.

Vi sono due specie d'amore, avverte Pausania, altro protagonista del *Simposio*, nel raccontare la nascita di Afrodite. C'è Afrodite Urania, o celeste, che esorta all'amore come ascesa verso il cielo: amore anagogico, che trae verso l'alto e passa dai corpi alla mente, dal fisico al metafisico. Amore puro. E c'è Afrodite volgare, detta Pandemia, che ci porta verso il basso, legata agli impulsi del sesso, amore catagogico e carnale.

L'amor platonico è per definizione il primo. Il secondo, anche se s'impossessa nel gergo corrente della definizione di erotismo, è in realtà una degradazione dell'Eros, una riduzione alla sola sfera corporale, fatta di istinti e pulsioni. Eros ha il suo doppio in Himeros, suo fratello e figlio di Afrodite, che indica il desiderio.

Ma, nelle parole della sacerdotessa Diotima a Socrate, viene raccontato in altro modo il mito della nascita di Eros. Eros è il frutto dell'unione tra Poros e Penia, ovvero tra un maschio ricco, possidente e possente, che dispone di sovrabbondanti energie, e una femmina che è povera e perciò indotta a escogitare espedienti: chiede l'elemosina ai margini del banchetto dedicato ad Afrodite. L'unione avviene perché Penia approfitta dello stato d'ubriachezza di Poros per giacere con lui. Fuor di metafora, l'amore nasce dalla ricchezza esuberante e dalla carenza mendicante. Ma è questa a pilotare quella. L'astuzia seduttiva di lei, l'abbandono ebbro di lui.

Al di là dell'accoppiamento sessuale, emerge la condizione propria dell'amore, la sua costitutiva ambiguità, dovuta all'imperfezione umana: l'amore è bisogno di dare e di ricevere, è il debordare di un'energia che vuol versarsi e colmare l'altro e insieme una carenza essenziale che cerca di riempirsi. Eccedenza e penuria si compensano nell'amore, fino a completarsi. Il due torna all'uno. Eros è dunque figlio di ricchezza e povertà, ma anche, si potrebbe dire, di ebbrezza e accortezza. La ricchezza da sola è sterile, non serve a nulla la sua sovrabbondanza se resta in sé, ha bisogno di versare per compiersi; così la povertà ha bisogno di chi colmi le sue mancanze, assolva alle sue necessità. Ancora una volta affiora la parola chiave: l'amore è necessità, di donare e di ricevere. La molla originaria, metafisica, non ridotta solo all'impulso sessuale è la nostalgia delle origini, che è nostalgia dell'unità, rispetto alla presente dualità. Per altri versi, l'amore volgare è solo un grado e un gradino verso l'amore celeste. Nel realizzarsi dell'unità tramite l'amore, viene superato il dualismo e si ricongiungono non solo le due metà, ma anche spirito e materia, anima e corpo. L'amore è il corridoio che congiunge l'idea alla realtà, la metafisica alla fisica, la mortalità all'immortalità. Nell'unione amorosa, Platone traccia la sua visione del mondo e la chiave della sua filosofia. L'amore è connessione, innanzitutto. Connessione vuol dire legame, ma il legame può anche essere invisibile, immateriale, oggi diremmo *wireless*. Anche il *logos* è connessione, deriva comunque da legame, cioè collegamento di concetti, parole e realtà. Eros è *logos*. Dietro l'impulso irrazionale si cela la ricerca di un nesso.

Eros è rappresentato da Platone come un dio, anzi, come affermava Fedro, «il più antico degli dei, il primo degli dei», il più vecchio; ma per altri versi è anche il più giovane, perfino il più bambino, per l'energia giocosa che lo distingue (Barthes lo figura come un bimbo con il pene eretto). E infatti, Platone fa dire ad Agatone che Eros, oltre che il più bello e più felice, è pure «il più giovane degli dei, il più fresco, giovane d'eternità». Anche su questo piano, dunque, Eros è ambiguo, *coincidentia oppositorum*, ma la contraddizione è solo apparente, e riguarda il punto d'osservazione. Se si assume un punto di vista superiore, Eros collega alle origini, e dunque è da un verso situato nel più antico e dall'altro nel più giovane, in quanto più vicino al punto sorgivo, all'Inizio. «Giovane è ciò che è più vicino all'origine»: pur antico, l'amore è giovinezza, se non infanzia. O, per dirla con un ossimoro, è antichissima giovinezza o giovanissima antichità.

In realtà, per Platone, Eros, più che un dio, come dice Fedro, che lo chiama anche *Pteros*, ossia colui che fa crescere le ali, è piuttosto un demone, ossia un'entità intermedia tra l'umano e il divino. Anche in questo Eros è un ponte tra gli uomini mortali e gli dei immortali. E partecipa della divinità come dell'umanità, come per altri versi i semidei. Diotima precisa che il potere di Eros è quello di tradurre e trasmettere agli dei le cose che giungono dagli uomini, come le preghiere e i sacrifici, e agli uomini le cose che giungono dagli dei, come i comandi e le ricompense per i sacrifici. Dunque Eros è realmente il mediatore tra l'umano e il divino, in entrambi i versanti e in entrambe le direzioni. Ma non è solo il medium in senso verticale, lo è anche in senso orizzontale, tra persone, o, nella fattispecie, tra un maschio e una femmina. L'amore è dunque connessione verticale con gli dei e legame orizzontale con gli altri uomini. E, potremmo aggiungere, con il mondo e tutti gli esseri viventi.

Eros è dunque filosofo, spiega Platone, cioè amante di sapere e non già sapiente, non solo perché l'umanità è imperfetta, ma anche perché in Platone sopravvive la nostalgia e il vago, sfuocato ricordo di un'età dell'oro da cui siamo precipitati. Finita l'epoca aurea dei sapienti, cioè di coloro che conoscevano la verità, venne l'epoca dei filosofi, cioè di coloro che hanno nostalgia della verità, amano la sapienza pur senza possederla. E fanno della loro povertà una ricchezza, convertendola in ricerca: questo vuol dire, in fondo, il socratico «so di non sapere»: la mia sola ricchezza è sapere di essere povero, averne la consapevolezza. Il filosofo dunque non possiede la sapienza ma la ricerca, come fa Eros con l'amore. Il filosofo, come l'amante, è un ricercatore, vuol versare la sua energia, o, *mutatis mutandis*, la sua curiosità, e al tempo stesso vuol colmare la sua ignoranza. E la curiosità, dice mirabilmente Vico, è figlia dell'ignoranza ma è madre della scienza. È ancora il mito di Eros a spiegare questa parabola e il legame tra carenza e possesso.

Come si sviluppa allora la ricerca di Eros, filosofo e amante? Tramite cinque stadi. Il primo gradino, perché il più evidente, è la bellezza dei corpi, la loro grazia e armonia, che suscita attrazione, oltre che ammirazione. L'amore è un appetito di bellezza, dirà Lorenzo il Magnifico.

Il secondo livello passa dal piano visibile a quello invisibile: è la bellezza dell'anima, che però ancora traluce dagli occhi di una persona, dallo sguardo, dalla sua voce, dalla musica delle sue parole e dal fascino che emana la sua persona.

«Amor, ch'al cor gentil ratto s'apprende», canterà Dante nel famoso v canto dell'*Inferno*.

Il terzo gradino platonico è la ricerca della virtù, come la temperanza e la generosità, con il sottinteso della loro pluralità: quando si eleva una virtù su tutte le altre, fino a oscurarle, nasce il fanatismo e la tirannide della virtù, o la sua degenerazione formale e ostentata, che potremmo definire, con Vilfredo Pareto, «virtuismo».

Oltre la virtù si accede al quarto livello, che è l'amore come conoscenza, l'amore del sapere, che è il grado propriamente filosofico dell'amore. Di quel passaggio tra la virtù e la conoscenza vi è traccia famosa nei versi danteschi «Fatti non foste a viver come bruti, ma per seguir virtute e canoscenza» (*Inferno*, XXVI).

Il più alto gradino, il quinto e conclusivo livello, è il compimento dell'ascesa dal Bello al Bene. Qui la bellezza trascende i corpi e coincide con il Bene. L'ascesa compie il suo tragitto dall'estetica all'etica, dalla gnoseologia all'ontologia, fino alla visione del Bene, lo stadio più alto dell'amore. Dopo il bello, il buono, il giusto, il vero, l'*itinerarium mentis in deum*, che potremmo definire anche itinerario dell'amore verso Dio, si compie nel Bene. E al di là del bene non c'è nulla, avverte Plotino nel sesto libro delle *Enneadi*, rispondendo in anticipo a Nietzsche. Oltre il bene c'è solo il nulla.

Per ricapitolare, l'amore è connessione, mediazione e ricerca, ed è rivolto ai corpi, alle anime, alle menti, per poi risolversi nell'Uno, nel Bene, nell'Essere. A voler dare un'immagine compiuta, oltre il pianterreno degli impulsi e la terrazza del divino, le scale dell'amore sono formate da tre rampe: l'amore come connessione, in primo grado a una persona e agli altri uomini, a partire dai più cari, quindi al mondo e ai suoi principi; poi l'amore come mediazione tra anima e corpo, tra carne e spirito, tra bellezza reale e bellezza ideale. Infine l'amore come trascendenza, in cui il bello trae origine dal bene: prima trascendi te nell'altro, poi trascendi l'umano in una sfera superiore, attraverso una ricerca e un'ascesa incessanti. L'amore è una discesa nei corpi e un'ascesa nell'anima.

Ma l'amor platonico non è soltanto un amore incorporeo, solo spirituale e immateriale, quasi figurato, è anche amore come compenetrazione dei corpi, generazione e dunque nascita. L'unione dell'uomo e della donna è procreazione, dice Platone nel *Simposio*, un segno divino e un superamento della morte per il vivente destinato a morire. Per Platone la generazione è uno dei compiti nobili dell'amare, perché nella riproduzione si realizza in terra un simulacro e un annuncio d'immortalità. La mortalità viene riscattata dalla natalità, e dà luogo alla sola transmortalità concepibile in terra: tramandare la vita di padre-madre in figlio-figlia, di generazione in generazione; la mia morte non è la fine di tutto, ma un passaggio di testimone; altra vita, seppure anch'essa mortale, ne prosegue il cammino.

Su questo punto in particolare, Schopenhauer è l'anti-Platone, per lui l'amore è un inganno della natura ai danni dell'uomo: l'astuzia della specie si serve dell'impulso sessuale per riprodursi. È quello «lo scopo finale di ogni commercio d'amore», lo chiama sprezzante nel *Mondo come volontà e rappresentazione*. L'astuzia della ragione di Friedrich Hegel si fa in Schopenhauer astuzia dell'istinto amoroso. La storia e la natura si prendono gioco degli uomini, li strumentalizzano. E se, invece, a servirsi degli impulsi sessuali non fosse l'astuzia della specie, l'ingannevole natura, ma la legge universale dell'amore, la forza che spinge all'attrazione, all'unione, alla procreazione? Se vi fosse una saggezza superiore all'astuzia che si serve dell'istinto e pure della specie per indurre a generare? Non un basso tranello, ma un'alta ispirazione guiderebbe l'amore. Immaginiamo la rivalsa dell'amor platonico sull'amore ingannevole di Schopenhauer e poi della psicanalisi. Per Freud il sesso è struttura, l'amore è sovrastruttura. E invece, sorge il sospetto che l'amore si serva del sesso per generare unione, per espandere le anime nei corpi e perpetuare la vita nel mondo. L'attrazione dei corpi è l'astuzia dell'amore per suscitare la passione di vivere che vince la morte, la solitudine, l'annientamento.

L'amore è liquido, dice Platone molto prima e con ben altra visione di Zygmunt Bauman. Nel *Simposio* scrive che «l'amore è liquido, altrimenti non potrebbe insinuarsi per tutta l'anima ed entrare e uscire a tutta prima, restando inosservato, se fosse solido». E Simone Weil domanda: «Tutto è acqua significa: Tutto è Amore?» (*Quaderni*, III). Curioso paragone tra l'acqua e l'amore.

«Se fossimo dei non conosceremmo l'amore», dice Albert Camus, echeggiando Platone. «L'uomo si realizza nell'amore perché vi trova in forma folgorante l'immagine della propria condizione senza avvenire» (*Taccuini*). L'amor tragico di Camus è l'esatto rovescio dell'amor platonico che porta a Dio. Ma è lo specchio fedele di un mondo che si nega all'Essere e vive l'amore come la bellezza struggente del provvisorio.

Nonostante l'impronta orfica e pitagorica, che considera il corpo come carcere dell'anima, Platone riconosce l'importanza del rapporto carnale, ai fini della procreazione, nel nome di una visione comunitaria. E questo distingue l'amor platonico dalla visione gnostica, che reputa il mondo nato da un demiurgo malvagio, la vita come una maledizione da espiare. In Platone il corpo non è tomba dell'anima, ma involucro e finestra dell'anima. Non siamo all'incarnazione cristiana, ma non c'è l'abisso tra spirito e corpo. L'amore ci rende eredi gravidi, cioè collegati alle radici e ai frutti, a quel che ci precede e a quel che seguirà dopo di noi: quella duplice apertura al passato e al futuro, in forma di eredità e gravidanza, si chiama «tradizione». Il suo cammino è storico, il suo principio è trascendente. La passione d'amore non è condannata, ma reputata il gradino iniziale della ricerca amorosa.

In questo contesto trova spiegazione anche l'amore per i fanciulli, un amore retto, non perverso: contrariamente a quel che si pensa, nel *Simposio* come nel *Fedro*, non c'è alcuna giustificazione della pederastia, tantomeno un elogio della sua pratica. E più tardi, nelle *Leggi*, Platone, parlando di amori precoci e omosessuali, ritiene che queste «perversioni», come ogni desiderio smodato, siano «responsabili di incalcolabili sciagure, non solo per la vita privata dei singoli, ma anche per l'intera società». Egli ritiene «indecente l'amplesso tra maschi e l'unione con adolescenti», un atto contro natura e contro lo Stato. Così il suo grande allievo, Aristotele, nell'*Etica nicomachea* scrive: «Fare all'amore tra maschi» è uno dei «comportamenti bestiali».

Quel che invece distingue Platone è il superamento del legame familiare: il frutto dell'amore, i figli, devono essere affidati a una più grande comunità, oltre la famiglia. A occuparsi della loro educazione e formazione dev'essere la scuola, la polis, lo Stato, la milizia, la repubblica. Questa visione, che oggi viene considerata protocomunista, ma storicamente traeva esempio dall'esperienza spartana, segna una sostanziale differenza rispetto al modello romano e poi cristiano, incentrato sulla famiglia, peraltro prevalente in quasi tutte le società tradizionali del mondo. Molte sono le analogie e le influenze della visione platonica dell'amore rispetto alla visione cristiana: la vera differenza, anzi la vera divergenza, è nel ruolo della famiglia e della politica, soprattutto, ma non solo, rispetto ai figli e alla loro educazione. La famiglia resta per Platone ancora nell'ambito naturale; la formazione etica, culturale, filosofica, corporale e spirituale tocca invece alla comunità più larga, alla sfera pubblica, che dovrà formare uomini, cittadini e soldati. La refrattarietà di Platone alla famiglia è spiegabile con la condizione del filosofo solitario che si dedica al pensiero, può avere allievi e fratelli nella sua ricerca ma non si fa assorbire dal ruolo di padre e non si occupa della famiglia.

Scopo dell'amore per Platone è generare nel bello: Eros ne è alla ricerca. La bellezza dei corpi, in Platone, è l'occasione, non la causa, dell'amore che suscita: la bellezza che vediamo risveglia in noi il ricordo della bellezza ideale, l'archetipo del bello. Sicché l'amore è un viaggio dal particolare all'universale, dalla bellezza visibile e sensibile alla bellezza invisibile e ideale. Il bello è l'unica idea dotata di visibilità. Un viaggio necessario come l'amore che, spiega Georg Simmel, non è un atto libero, giacché «la contemplazione della bellezza pura gli è imposta da una specie di necessità logica» (*Sull'amore*). Amore necessario anche per Simmel.

E tuttavia, nel *Simposio* Platone affronta il suo rovescio, la bruttezza, e ne coglie il lato occulto e affascinante. Lo fa con le parole di un avvenente allievo di Socrate, Alcibiade, che parla di Socrate, notoriamente brutto e trasandato. Ma, per Platone – nell'elogio che attribuisce ad Alcibiade –,

Socrate è la prova che non esiste solo la bellezza fisica, c'è anche la bellezza interiore. Si può essere portatori sani di bellezza, veicoli del bello senza essere belli in apparenza. Socrate, dice Alcibiade, esercitava il fascino musicale della parola, che lo rendeva attraente, fascinoso, nonostante il suo aspetto fisico, le sue sembianze sgraziate. Eppure Socrate non è poeta, non canta, la sua bellezza è affidata al severo rigore dei suoi concetti, all'attenzione verso l'interlocutore, alla pedagogia maieutica della sua dialettica, che tira fuori i concetti da chi ha davanti, come sua madre esercitava l'arte della levatrice. E, come da un ventre gravido la levatrice porta alla luce una creatura, e da una mente fertile il filosofo trae un concetto, così dal brutto viene alla luce la bellezza.

Alcibiade paragona il suo amato Socrate alle statue dei Sileni, figure di mitologica bruttezza, che, una volta aperte, serbavano al loro interno simulacri degli dei. Come per loro, la divina bellezza in Socrate era interiore, bisognava oltrepassare il suo brutto aspetto esteriore per conoscere, come un oracolo nascosto, la sua bellezza recondita. Questa concezione della bellezza interiore conferma che c'è una bellezza invisibile, negata agli sguardi e agli occhi del corpo, rivelata, come sempre in Platone, dagli «occhi della mente» che sanno vedere quel che gli occhi del corpo non vedono. Un viaggio dall'oscurità alla luce, che attraversa le figure, attinge alle idee, fino alla grazia di una visione ulteriore.

Tra le modalità dell'amore, in Platone, vi è l'amicizia, a cui dedica l'altro suo dialogo famoso, il *Fedro*. Qui la bellezza è nel paesaggio, nello splendore di una giornata e di una campagna baciata dal sole. È tempo d'estate, i due amici odono le cicale frinire e le sorgenti dei fiumi mormorare. In questa incantevole atmosfera, Fedro tesse le lodi della campagna.

Socrate ne conviene, ma dice che la ricchezza che un uomo ha dentro di sé è superiore a ogni campagna: nulla può la natura rispetto alla città. Piuttosto che stare in un luogo pur così bello, Socrate preferisce tornare nella polis, nell'agorà, incontrare persone, dialogare con le intelligenze, sentire le voci, le parole. Anche questa lezione socratica è nel segno della superiorità della bellezza intellettuale e morale rispetto alla bellezza estetica e sensibile. Amore dell'uomo prima che della natura. La bellezza interiore che promana dal dialogo è per lui più significativa della bellezza dei luoghi: l'umanesimo socratico fonda l'amore non sull'armonia con il paesaggio, ma sull'incontro tra menti che amano il sapere. L'amore suscitato da una passione estetica cede il posto all'amore suscitato da passione etica e intellettuale.

Prima di giungere a questa conclusione, Platone critica l'innamoramento perché conduce a vivere emotivamente, a lasciarsi trasportare dagli istinti, a dipendere dall'amato e dalle passioni che suscita, compresa l'ira. Saggio è colui che non si fa irretire dall'amore, che ha il controllo di sé – come Socrate dette prova con Alcibiade, resistendo alla tentazione amorosa di giacere con lui –, sa restare padrone di sé, indipendente, autarca. In queste pagine, ma non solo in queste, Platone esorta a elevare l'impulso sessuale e omosessuale verso la contemplazione delle idee. Nel racconto di Alcibiade come nelle parole di Agatone c'è *in nuce* la teoria della sublimazione poi espressa da Freud. Anche una delusione d'amore può spingere verso una nuova creatività se è reindirizzata la sua energia inespressa, riconvertito il suo desiderio.

Quanto c'è di Socrate e quanto c'è di Platone in questo racconto e nella scelta d'astenersi e «sublimare» la passione? Difficile dirlo, ma si può notare che in Platone non c'è solo un'idea negativa della passione amorosa. Così come non c'è solo l'amore nel segno di Apollo, cioè l'amore come misura, armonia, rifiuto degli eccessi, chiarezza e lucidità, bellezza che non si lascia travolgere e contaminare. Ma occhieggia più volte in Platone un'altra specie d'amore, come «divina mania», ebbrezza e pazzia: un amore dionisiaco che risale al fondo oscuro di Eros, non governabile, notturno, delirante. O, trasferito nelle categorie estetiche del moderno, l'amore non è solo il regno del bello ma anche del sublime, che lambisce lo sconcerto, la smisuratezza, l'eccedenza straripante. E infatti, capovolgendo il senso del discorso precedente, tesse l'elogio dell'amore come divina mania. Pure la filosofia per Platone è divina mania, come l'amore, che si sporge oltre la ragione fino alle soglie della pazzia. Anche in questo caso emerge l'ambigua natura dell'amore, apollineo e dionisiaco, razionale e oracolare, che attinge ai miti e si allontana dal «razionalismo» socratico. Platone getta le basi per oltrepassare l'amore come armonia, equilibrio, misura e inoltrarsi in quella *confusio* che suggerirà ai posteri di vedere nell'amore platonico il germe dell'amore romantico. La bellezza degli amori impossibili e degli amori perduti, l'innamorato pazzo che spinge il suo amore oltre la vita, fino a togliersela, lasciarsi morire o sfidare la sorte. Amori eroici, in preda a quella mania indotta da un dio. È come se l'amor romantico compisse a rovescio il cammino platonico, scendendo i cinque gradini di cui prima abbiamo parlato, fino a perdersi nell'amore assoluto, lasciarsi rapire, vivere l'estasi e quindi fuoruscire da sé o dal proprio senno. In Platone, invece, la pazzia è nel segno dell'abbandono al dio che la suscita, è una forza ascendente, anagogica, aspira a oltrepassare l'umano, non a regredire nella perdizione. La meta rimane l'immortalità dell'anima, o, per restare nei dialoghi platonici, il passaggio dal *Simposio* al *Fedone*, tramite il *Fedro*. Qui Platone oltrepassa alla fine del dialogo la dottrina del suo maestro, al di là del suo orizzonte umano, razionale e mondano, la sospinge nei cieli del mito, del mistero e della metafisica. Riconosce un limite alla ragione umana, e intraprende «la seconda navigazione» verso l'immortalità dell'anima. L'amor platonico lascia gli ormeggi dell'umano e salpa verso il cielo.

«Eros conduce ogni anima verso la natura del bene», nota Plotino sulle orme di Platone. E nel sesto libro delle *Enneadi* aggiunge: «Quaggiù l'amore non conosce limiti né li conosce l'oggetto amato, ma l'infinito è l'amore del Bene, poiché la sua bellezza è di un'altra specie ed è bellezza superiore a qualsiasi bellezza».

«Donne che avete intelletto d'amore», dice Dante nella *Vita nova*. Invece «una cosa è sapere, un'altra è amare», risponde Petrarca nel trattato *De sui ipsius et multorum ignorantia*. Petrarca separa l'amore dalla sapienza. Dante, platonico, ne coglie invece l'unità: «Amor che nella mente mi ragiona». L'amare va a nozze con il sapere.

Oltre a *eros* ci sono tante specie d'amore. Per essere chiari e precisi, a costo d'apparire didascalici, ripartiamo dai greci, che distinguevano l'amore in una decina o forse più di tipi principali. Ricapitoliamo le forme dell'amore classificate per generi e funzioni.

In principio è *eros*, l'amore più conosciuto, la forza che rigenera il mondo e muove i sessi. Amore fertile e carnale, che procrea, nella passione e nella mente che motiva il corpo e nel corpo accende la mente. «Eros il più bello fra tutti gli immortali / che rompe le membra [...] e dona nel petto ogni volontà», canta Esiodo nella *Teogonia*. Quando si realizza nella reciprocità, Eros genera unione e perciò prende il nome di suo fratello inseparabile, Anteros. Il suo nome segna la stabilità di unione, il legame di coppia. Il suo antagonista è Eris, la divinità della discordia.

Di tutt'altra natura rispetto a *eros*, più sereno e dolce, è *agape*, l'amore spirituale e plurale, eletto dalla religione cristiana a vero amore, non condizionato dagli impulsi biologici e sessuali, che non va a caccia, non cerca prede, ma ingravida il mondo e gli animi, irradiandoli di una luce benefica. Per i latini è *caritas*.

Nel mezzo tra *eros* e *agape* c'è *philia*, dove l'amore si stempera in amicizia profonda, comunanza di affetti e di destino. Come *eros*, anche *philia* è fondata sulla reciprocità, mentre *agape* è un donare senza contropartite. Ma, come *agape*, anche *philia* è un moto affettivo del cuore che non è spinto dall'impulso sessuale e riproduttivo, mentre *eros* sorge da quella pulsione. Alla *philia* corrisponde la *philauthia*, che potremmo definire l'amicizia con se stessi, l'amor proprio, ma non è egoismo o egocentrismo. È il volersi bene, non farsi del male, amarsi per migliorarsi, non gettare via in malo modo la vita, non dissiparla ma custodirla, curarla.

C'è poi un amore che si allarga ai propri cari, un amore familiare, che si chiama *storge*, la cui regola è la premura e il cui modo è la tenerezza; è l'amore per chi è più vicino, secondo il principio affettivo della prossimità e della consanguineità. C'è invece un amor languido che si acuisce nella lontananza più che nella prossimità: è *photos*, l'amore nostalgico, struggente, dove la memoria si fa ricordo e, risalendo dalla mente al cuore, si nutre dell'assenza più che della presenza, del mancato possesso anziché del possesso. Amore lontano o inaccessibile, che colpisce soprattutto agli estremi della vita, l'adolescenza e la tarda maturità. Invasato è invece l'amore come *mania*, che può condurre al possesso brutale, alla violenza e perfino alla soppressione dell'amato, se non è interamente ed esclusivamente rivolto al suo amante. *Mania* non si applica solo ai rapporti d'amore e di coppia, ma è fissazione, ossessione, degenerazione di un desiderio. Può però essere pure, come diceva Platone, «divina mania». Per i rapporti d'amore travolgente vale la definizione di *Himeros*, figlio di Afrodite e di Ares e fratello di Eros: amore ardente fino alla follia, impulsivo nella sua esuberanza irragionevole. Qui l'amore volge in lussuria. Trasferendo invece l'amore dalle persone alla volontà operosa, e dunque ai progetti, c'è *thelema*. L'amore più alto, infine, coincide con la grazia e la gentilezza, si chiama *charis*, evoca il carisma ed è raffigurato attraverso una delle tre grazie che porta il suo nome. Poco usata per indicare l'amore, *charis* è «lo splendore degli occhi, la bellezza luminosa di un corpo, il fascino dell'essere desiderabile», scrive Marcel Detienne.

Ai bordi dell'amore e delle sue forme ci sono poi due sentimenti d'affetto come *simpatia* ed *empatia*, per restare nel linguaggio di matrice greca. La simpatia indica un'affinità sorta da comune sentire e comuni passioni, l'empatia, invece, è la capacità di comprendere le altrui passioni ed entrare nelle altrui corde. Sono due forme d'amore più temperate ma veraci, fondate sulla consonanza d'animo.

Esauriente è l'olimpo degli amori greci, almeno in rapporto alla vita umana; mancano gli amori impersonali, sovrumani, cosmici e naturali. Manca l'amore come legge d'attrazione universale, l'amore come forza cosmica. Infine l'*amor dei*, dove l'anima è messa incinta dal divino, per il neoplatonico Plotino.

Qual è il principio che percorre e unisce le varie forme d'amore? Passando dai cieli ai rapporti umani, in un vero amore gli uomini non sono mai un mezzo ma un fine, vengono accettati e amati per quel che sono, e non per il piacere o il vantaggio che arrecano. Parafrasando Kant: ama in modo da trattare l'amato come fine, mai come mezzo. Qualcuno dirà che non c'è bisogno d'amarlo, basta rispettarlo per trattarlo come un fine. Ma il rispetto rimane esterno, prima della soglia; l'amore, invece, ama l'uomo dal di dentro, per quel che egli è e sente, profondamente.

Quanto c'è di queste forme d'amore nella nostra vita e nella nostra epoca? Qualche traccia, spesso implicita, sparsa e sommersa; poco viene ricondotto all'amore, molto al sesso e al possesso, al sentimento, all'appartenenza e alle sfere morale, etica e solidale. Le modalità d'uso sono diverse e perverse, in molti casi, flebile la loro impronta e, soprattutto, sono sentimenti «slegati» tra loro, ognuno va per la sua strada. Prevale l'analfabetismo amoroso, e principalmente l'incapacità di collegare le forme d'amore, fino a comporre dal mosaico una piramide amorosa. Eppure il principio dell'amore è proprio il collegamento, la capacità di connettere persone, mondi, cose, in un abbraccio amoroso. Viste invece nel loro insieme organico, compongono una gerarchia dell'amore, una scala di vari gradini, un ordito amoroso su vari piani. Max Scheler lo chiama *ordo amoris* in un testo che porta quel titolo, un ordine amoroso che risale «in direzione dell'archetipo, riposto in Dio». Dall'alto, l'*ordo amoris* è il mondo ordinato secondo il divino: ma dal basso, per l'uomo, l'ordine amoroso è la fonte originaria, espressa in uno «schema spirituale», che «segretamente alimenta tutto ciò che da quest'uomo proviene». Ispirazione divina che si fa movente per gli uomini. Quanti amori dentro l'amore.

Amare è conoscere, dice platonicamente Giovanni Gentile, anzi, «l'amore è conclusione e perfezione della conoscenza. Chi non ama non capisce». Solo studiando le cose, «anche quelle più povere di vita e di valore», finisci per innamorartene. *Studium*, del resto, vuol dire «amore». «E che si fa per amare gli altri se non fissarli in volto e cercarne lo sguardo, per spiarne l'interno, sempre più in fondo?» (*Genesi e struttura della società*). Chissà se Gentile riuscì, quel 15 aprile 1944, a fissare in volto cercandone lo sguardo chi lo attese al cancello di casa e lo uccise...

La casa dell'amore, alla luce della sapienza, ha vari piani e tante stanze. I piani principali sono quattro: prima scandito dall'impulso sessuale, poi dal legame sentimentale e comunitario, quindi dalla filosofia e dalle sue applicazioni etiche, estetiche, civili; infine dalla sapienza e dalla sua visione d'amore. Nel sotterraneo abitano gli istinti e le pulsioni, e c'è chi pensa che tutto l'edificio si spieghi da quel sottosuolo biologico. Al pianterreno c'è l'amore palese, quotidiano, nelle sue forme comuni, nell'esercizio dei sentimenti e dei legami, il piano degli affetti e delle cure. Nel piano nobile vi sono gli amori suscitati dalla bellezza, dalle virtù, dal pensiero e dalla ricerca. Infine, in terrazza gli amori si rivolgono al cielo, alle stelle, all'universo, fino a corteggiare il divino. La scala dell'amore porta in cielo.

## Quinto grado
# AMOR PATRIO
*Madreterra e madrelingua: comunità, popoli e identità*

L'amor patrio è il naturale affetto che ci lega a una terra, un luogo, una comunità, una lingua, una cultura che sentiamo nostri, di cui ci sentiamo parte, di cui siamo eredi, figli e genitori. Può essere la nostra terra, la nostra città, la nostra regione, la nostra nazione, la nostra civiltà. L'amor patrio è amore di comunità, si estende al noi, nel suo insieme comunitario e ai singoli compatrioti. Come ogni amore, offre proiezione e protezione ma esige cura e dedizione.

La patria è un diritto e un dovere, e prevede diritti e doveri. È un'eredità da trasmettere, un bene da tutelare, una matrice e una radice da amare, attraverso i singoli membri e le singole membra, i suoi luoghi, i suoi paesaggi, linguaggi e retaggi. Geografia d'amore.

L'amor patrio è amore di tradizione, ossia amore della continuità, che si trasmette e si tramanda oltre i suoi addendi e portatori. La gioia delle cose durevoli, la fedeltà oltre la precarietà e i mutamenti, la predilezione per il nostrano. L'amor patrio supera il primato degli egoismi privati e degli individualismi, a patto che non degeneri a sua volta in un egoismo collettivo, un individualismo nazionale. Non è contro qualcuno né contro il patriottismo altrui: chi ama una persona non per questo è contro gli altri. L'amor patrio apre, non chiude al mondo. Ama le differenze, non le arma.

Amare la patria è l'applicazione particolare di un legame universale. Chiunque ami la patria, ama ogni patria attraverso la sua. L'avversario della patria non è la patria altrui, ma chi nega la patria, chi la disprezza, nel nome del singolo o del mondo globale; più spesso, dell'intreccio fra l'individuale e il globale.

L'amor patrio non è suprematismo né volontà di potenza, è un legame affettivo e positivo, secondo natura e tradizione, secondo spirito e popolo, comunità e territorio. Si esercita su se stessi e verso chi si ama. L'amor patrio non è negazione dell'altro e dell'altrui identità. Nell'amor patrio vige il principio di amare a partire dalla prossimità: chi ama preferisce, stabilisce priorità, ama a partire da chi sente più vicino. L'amor patrio è fondato sullo stesso principio di ogni amore, la predilezione. Ogni amore delimita, crea confini o gradi di prossimità. Chi mi è più vicino, chi è figlio della stessa terra, della stessa lingua, chi appartiene allo stesso popolo e alla stessa storia, e ne condivide il destino, è compatriota. È amore d'identità.

L'amore per i compatrioti è fratellanza, che è una speciale simpatia, condivisione attiva di un sentimento e di una comune provenienza. La patria per Vico suscita il sentimento del «fraterno amore»; la patria è «radice di una parentela spirituale, il cui vincolo, la cui predilezione, il cui affetto comprende in sé tutte le parentele» con i relativi vincoli e affetti (IV *Orazione*).

Si è fratelli rispetto a una madrepatria, che evoca sia il pater che la mater. La patria è il legame originario con un luogo che avvertiamo come materno e paterno al tempo stesso. Paterno perché richiama a certi compiti, lavori e doveri fondamentali; materno perché evoca il grembo delle origini, i primi passi, il rapporto profondo con una terra che ci nutre ed è la nostra casa comune.

Abbiamo bisogno di una patria e di una matria: la seconda è più prossima a noi, più calda, nutriente e accogliente, come il ventre materno e la premura di madre; più confidenziale. Mater evoca la materia, la madreterra e la madrelingua; il mare-mater è liquido amniotico, acque placentali che circondano la patria, che è invece territorio, confine, Stato, storia, politica, simbolo e rito. La matria è fertile, con i suoi amabili frutti, è l'aria di casa, l'affabile sintonia con i luoghi. La matria è la piccola patria, è una placenta più grande. Come il Mediterraneo, mare materno che abbraccia i patri lidi. Il suo bacino è un grembo, sulle sue sponde fiorì il matriarcato.

L'amor patrio si è eclissato insieme al sacro, alla natura e alla storia. Perdere l'amor patrio, come l'amor di Dio e della famiglia, significa perdere il senso del limite e del comune destino. La patria, la religione e la famiglia sono confini che non solo delimitano la nostra vita rispetto al mondo esterno, ma sono argini al nostro egoismo che limitano il nostro individualismo, la nostra volontà particolare. Ci pongono in relazione con gli altri, a partire da chi è più vicino, oltreché con un cielo e una terra, una storia e un futuro.

L'amor patrio è amore, culto e ricordo dei morti, i padri e gli avi che non ci sono più, nel cui solco viviamo. Togli l'amor patrio e sorge l'egolatra o lo sradicato, che spesso coincidono. Il singolo si ritrova in balia di un mondo sconfinato, senza limiti né identità, dove domina il relativismo che fa largo al suo rovescio, la tirannia. Perché dove non si riconoscono principi, comunanze e identità sovrastanti, vige la legge del più forte.

Amor patrio è *amor fati*, perché ama il destino di essere nato qui e non altrove, in questa terra, in questa comunità, con questa lingua, in questo popolo, in questa famiglia. Quel che per taluni è caso fortuito e accidentale, nell'amor patrio è accettato e onorato come destino.

La nazione, come la natura, evoca la nascita: *natio* e natìo. La patria è la casa, la lingua, il paesaggio, il luogo delle origini, la terra dei padri e delle madri. È il nostrano. Un bene essenziale, che suscita amore di appartenenza, ti fa sentire non occasionale passeggero del mondo ma abitante di una terra, proveniente da una storia e portatore di un'identità. Quella familiarità è sorgente d'amore.

L'amor patrio non preclude altri amori per altri luoghi elettivi, ma fa avvertire quel luogo come originario, speciale e familiare.

Sull'amor patrio può però depositarsi un germe inautentico, posticcio, malefico fino all'impostura. Ma non si giudica un frutto dal suo inacidirsi fino a diventare un veleno. Non va confuso un bene con la sua degenerazione, un sentimento con il risentimento.

La patria è un sentimento prima che un pensiero. Il pensiero non ha patria, insegnò Socrate; fluttua nel possibile, mentre la patria è legata alla realtà e può suscitare amore. Il pensiero è aria, la patria è terra, le comunicazioni sono acqua, fluviali e marittime. Eppure grandi pensieri, grandi opere d'arte e di cultura sorsero dal legame con la patria, ispirati dal *genius loci*, connessi all'habitat, e da lì poi si diffusero nel mondo. I fiumi scorrono come vene della terra. Il grande allievo di Socrate, Platone, nel *Critone* elogiò la patria, venerabile e santa, da amare e onorare più del padre e della madre.

C'è chi considera il mondo intero come la propria patria o terra natia, perché non potrebbe essere quello il senso più alto e più vasto di amor patrio? In realtà l'amor patrio, come ogni amore, sorge da una preferenza, una predilezione, un principio di prossimità, e dunque necessita di un perimetro, una soglia, le frontiere. Le linee di confine sono come i lineamenti del volto che danno compimento alla sua fisionomia e gli infondono la sua inconfondibile identità. Non si può sostituire l'amore per i tuoi cari con l'amore per l'umanità, e lo stesso criterio vale in tema di comunità più vaste. Un luogo eletto non può essere ogni luogo o indifferente ai luoghi, per cui uno vale l'altro; la comunità cessa di esser tale se è l'intera umanità. Quando fu estesa la cittadinanza romana a tutti i sudditi dell'impero – scrisse Giambattista Vico nel *De nostri temporis studiorum ratione* – si estinse «nei cittadini originari l'amor di patria».

Del resto, il rigetto totale di ogni patria e di ogni differenza, l'intercambiabilità mondiale degli uomini nell'uguaglianza assoluta dei medesimi ha già avuto un nome, un'idea e purtroppo una storia: il comunismo, ossia la comunità assoluta, che si vuole senza confini, e perciò irreale. Mai nel nome di un amore universale si produssero così tanto odio e tanti stermini, senza bisogno di guerre. Si può essere bendisposti verso l'universo intero, essere miti, aperti e rispettosi di chiunque, ma c'è pur sempre una predilezione significativa che indichiamo come patria.

La legge, come l'ideologia, è astratta e universale, l'amore è concreto e selettivo. Ogni amore, incluso l'amor patrio. Siamo uomini, non stelle, e illuminiamo quel che è nel raggio della nostra vita. L'amore accende un cono di luce, circondato dall'ombra.

All'amor patrio si oppone l'amore per la terra che non c'è: il futuro, il globale, il web, il mondo migliore. Per Marx i proletari non hanno patria. Ma, se non riconoscono alcuna patria fuori di loro, alla fine la riconosceranno solo in se stessi: la patria sono io, l'unico punto fermo della vita è mobile e fluido. Le mie radici sono le mie scarpe, non ho suolo ma suole. Oggi l'ideologia dominante instilla la convinzione che l'uomo sia monade e nomade. I nomadi nel mondo, tra migrati ed espatriati, sono svariati milioni, ma gli stanziali sono alcuni miliardi. Possiamo definire nomade l'umanità, quando parliamo solo di una minoranza, mentre per gli altri il nomadismo è un fenomeno mentale, tele-virtuale?

Amare il prossimo, secondo Zygmunt Bauman, è l'atto di nascita dell'umanità. Un'affermazione che all'apparenza amplia gli orizzonti, e invece li restringe: semmai amare è l'atto di nascita dell'umanità. Non solo il prossimo, ma ogni forma di amore, da quelli più cari ed esclusivi a quelli più universali, naturali e spirituali. Il sottinteso dell'*amore liquido* di Bauman è l'opposizione tra quel che definisce mixofobia e mixofilia, che è poi l'antagonismo tra xenofobia e *melting pot*, tra identità e meticciato globale. A tale scopo Bauman usa anche «la fusione d'orizzonti» auspicata da Hans-Georg Gadamer in *Verità e metodo*: ma il filosofo dell'ermeneutica si riferisce alla fecondità del dialogo per la comprensione reciproca, non alla mescolanza universale per la perdita o liberazione dalle identità. Quanto più vasto si fa l'amore, fino all'intera umanità, tanto più si fa labile e vago. L'amore segue la sua strada naturale, dal più vicino al più lontano, ovvero sposa il principio di prossimità, che è nella nostra indole, partendo da chi senti e ami come più vicino. Non puoi amare dello stesso amore l'estraneo sconosciuto e tua madre, tuo figlio, la tua sposa, il tuo compaesano, il tuo corregionale e correligionario, il tuo compatriota. È astratto capovolgere la scala dell'amore, negare la naturale predilezione, disperdere l'amore nell'infinito e ritenere che sia un male quella che lui definisce «comunità di similitudine» o di «identicità». È da quelle comunità, che si chiamano poi famiglia, *civitas*, patria, che sorge nei nostri cuori l'amore più vero, che poi si allarga per cerchi concentrici fino agli ambiti più vasti. L'amore riconosce e sposa le identità, non le scioglie in un liquido indistinto e universale.

L'obiezione è ormai automatica: amor patrio vuol dire nazionalismo, cioè guerra, violenza, supremazia, odio. Chi ama l'umanità e sogna l'uguaglianza universale, dai tempi del Terrore giacobino all'avvento del comunismo ha prodotto mostri e orrori. Non bisogna mai confondere l'amore con le infamie commesse in suo nome. Altrimenti anche l'amor di Dio si traduce in fanatismo e persecuzione, e l'amore per una donna in stupro e femminicidio. Non si riduce il tutto a una parte alterata. Bisogna distinguere l'amore dalle sue degenerazioni. Se il rischio dell'amor patrio è nel chiudersi in un esclusivismo, il rischio dell'amore universale è nel cancellare con violenza ogni identità e differenza, nel progetto di un'umanità irreale, mai esistita. Ogni amore vero è una luce anche se ha la sua zona d'ombra.

Abbiamo finora declinato la patria in chiave politica, civica o militare, ma l'amor patrio è amore delle origini, dell'infanzia, dei sapori nostrani. Patria, scrivevamo in un saggio di alcuni anni fa, è dove ti senti a casa, dove i cinque sensi percepiscono il mondo come familiare. Patria non è solo la terra dei vecchi, ma la terra dell'infanzia e della giovinezza. Patria è la casa, in cui siamo davvero noi stessi. Patria è il luogo che da lontano ti manca. Patria è la sorte comune di un popolo, *genius loci*, terra che si fa cielo tramite il sangue e la memoria. Patria è la terra dei morti più cari, anche noi lo saremo agli occhi di coloro ai quali siamo cari. Patria è l'autentico, il genuino, non la retorica. A ogni generazione tocca ri-generare la sua patria. E cucirle un linguaggio consono, che media tra tempo e luogo.

L'amor patrio può essere alla base di una religione civile, che si può intendere in due sensi opposti: come sostituzione della religione tradizionale, ovvero secolarizzazione di una fede in una storia, un'ideologia, una passione collettiva o umanitaria. Oppure come continuazione dell'amor di Dio e della religione in ambiti civili. Prosecuzione, non sostituzione, di un legame pubblico, caldo e forte, fondato sul sentire comune, sulla tradizione civile e religiosa, sulla memoria storica e le esperienze tramandate e condivise. La religione civile non sostituisce la fede e il cielo, ma si applica ad altri contesti storici e terreni.

La prima patria che ebbe il nome segreto di amore fu Roma, palindromo di *amor* (il nome sacro di Roma invece fu Flora); lo scrisse anche Pascoli. Non si sottovalutino due significati collaterali che anagrammano Roma/Amor: vale a dire *armo* e *orma*, ossia la conquista e l'impronta, la traccia lasciata nel mondo dal *fas*, lo *ius*, lo Stato, le quadrate legioni, le strade, la civiltà romana.

In linea di principio e nei fatti sarebbe necessaria la traduzione politica e civica dell'amor patrio per renderlo un sentimento comune, una visione condivisa e un'educazione popolare. Ma l'esperienza insegna che la declamazione patriottica, comiziale ed elettorale, incide poco nella realtà odierna, subalterna agli assetti sovranazionali, alle alleanze militari e agli imperativi dell'economia globale, della tecnocrazia e della finanza. Meglio declinare l'amor patrio sul piano prepolitico, ossia spirituale, morale, culturale ed esistenziale, riversarlo negli ambiti concreti e interpersonali in cui vive l'identità comune e l'amore per le proprie tradizioni, piuttosto che lasciarlo in balìa della politica e dell'ideologia. L'uso politico dell'amor patrio serve però a tenere accesa la luce sul tema, a non dimenticarlo e a non atrofizzare la percezione di un noi comunitario. È poco, ma realisticamente è meglio di nulla. È un argine.

Il paradosso affettivo della patria: più si allontana nello spazio e nel tempo il luogo nativo e più si avvicina nella mente e nel cuore; più si avverte la mancanza e più cresce il ricordo, e l'attaccamento. Accade anche agli amori, a cui si addice la lontananza (Jaufré Rudel). La distanza irrimediabile la rende più viva, in una specie di amor patrio metafisico, ineffabile e tenace. L'amor patrio nella società globale dei nomadi e dei migranti si fa nostalgia. *Patria in interiore homine.* L'amor patrio, come l'amor di Dio e della famiglia, si acuisce quando viene a mancare o sta per venir meno: come succede con l'ossigeno, la salute o l'amore stesso. Ci accorgiamo della loro presenza in prossimità della loro assenza. Il non-essere pesa più dell'Essere, come perdita e carenza. Allo stesso modo di chi per una vita rifiutò di sentirsi figlio di suo padre, ma quando questi morì si sentì orfano e ricalcò i suoi passi. Quando la patria tramonta, l'amor patrio può tradursi come nelle poesie d'amor cortese dei trovatori, nel corteggiare una figura assente, favoleggiando una sposa invisibile.

La differenza rispetto al patriottismo passato è che la patria non è un recinto in cui chiudersi, ma una postazione da cui aprirsi al mondo. È una porta per accedere all'aperto, non per barricarsi.

Ma questo benedetto amor patrio chi dovrebbe propagarlo e coltivarlo? Sì, l'alto patrocinio dei capi dello Stato, le iniziative delle amministrazioni locali e dei governi: ma chi dovrebbe educare all'amor patrio? Se escludiamo l'ipotesi che i cittadini debbano andare a lezioni private di spirito pubblico – sarebbe una contraddizione in termini, come distribuire bonus di cittadinanza a punti dopo corsi accelerati di patriottismo presso motivatori –, la domanda si rivolge soprattutto a due agenzie pubbliche di massa: la scuola e la televisione. Manca il personale preparato e sensibile a suscitare spirito pubblico e coscienza nazionale. Chi sono e dove sono i garanti e i portatori d'identità? Buona parte dei docenti e dei comunicatori vede l'amor patrio come sinonimo di razzismo e xenofobia, o, al più, come un segno di provincialismo e di arretratezza da cui liberarsi per essere in sintonia con il proprio tempo globale. E i pochi che, viceversa, sono sensibili alle tematiche storiche, identitarie e nazionali sono intimiditi dal clima e dai colleghi e si nascondono dietro il burqa del silenzio.

Il discorso non riguarda solo i segni dell'amor patrio, ma anche altri simboli identitari e fondamentali della nostra civiltà, come il crocifisso. Ciascuno è libero di non credere, di non dare significato devoto a quel simbolo e di ignorarlo, ma è assurdo che una comunità non debba esporre i simboli millenari e condivisi della sua civiltà e della sua storia nel timore di irritare la suscettibilità delle minoranze, anche sopraggiunte, che seguono altre fedi o non ne seguono alcuna. La libertà di culto non comporta la scomparsa di ogni riferimento pubblico e comunitario alla propria tradizione e al sentire comune.

Non basta nascere italiani per amare la patria. Nascere italiani, malgrado tutto, è una fortuna, ma poi bisogna meritarsela sul campo, praticando l'amor patrio e il civismo. L'Italia è di chi la ama e la rispetta, nel corpo e nell'anima, nella storia e nell'identità. L'Italia è di chi osserva le sue leggi e coniuga i diritti ai doveri. L'Italia è di chi rispetta il prossimo, a cominciare dai suoi compatrioti, di chi si chiede cosa debba dare al suo paese e non solo cosa debba ricevere, e di chi si cura degli altri, è solidale, ha cura della natura, del paesaggio, dei borghi e delle città. L'Italia è di chi la difende quando è in pericolo o è oltraggiata. L'italianità è la sua fonte.

Quale pensiero è dietro l'amor patrio? È il pensiero del destino, dell'origine, della comunità; nel suo alveo è l'amor patrio. Il pensiero che compendia altezza, profondità e latitudine della nostra vita, che abbraccia il futuro, il passato e il presente e raccoglie il senso compiuto della vita sull'orlo del suo perdersi. Il destino va oltre il futuro, l'origine va oltre il passato, la comunità va oltre il presente. Insieme disegnano la condizione umana.

Il senso del destino proietta l'esistenza in un disegno intelligente, che guida la sua traiettoria e la orienta. Il senso dell'origine annoda il vivere a un grembo di provenienza, che è la maternità del nostro venire al mondo, il luogo più vero dell'accoglienza. Il senso della comunità connette la nostra vita a quella di chi è consorte, a partire da chi è più affine, più caro e vicino, ed è il vincolo fraterno e filiale della vita. Quel pensiero di connessione è fondato sull'amore, amor patrio, *amor fati*, accettazione della vita, del mondo, della realtà. E suscita il conato d'amore, il ritorno, come un passato che chiama al futuro e si rigenera evocando l'origine. Amore per l'invisibile e per il visibile, per il presente e per l'assente, o non più presente o non ancora presente.

## LA RIVOLUZIONE NECESSARIA: DA INDIVIDUI A COMUNITÀ

Qual è allora il tema di fondo dell'amor patrio? È il legame comunitario, il senso vivo della comunità. Tema basilare, che non riguarda solo la sfera politica e civile, perché tocca anche la vita privata, la famiglia, il paese o il quartiere, il lavoro. E investe anche l'Europa. Invece ci invogliano a pensarci e comportarci solo da individui, separati da ogni amore comune e da ogni legame sociale. Al più comitive, non comunità. Individui nella solitudine globale. L'anemia d'amore delle moderne società occidentali è riduzione solipsistica; solitudine, anzi isolamento, come tratto primario della nostra vita. Egoismo ed egocentrismo nel rapporto con il mondo, soggettività come criterio di giudizio e orizzonte di vita, narcisismo come amore malato di sé e impotenza di amare gli altri. L'unica, ossessiva raccomandazione ripetuta nei rapporti sociali, nei legami di coppia, nella psicanalisi, è star bene con se stessi. È il culto dell'individualismo assoluto, ciò che conta è Io: il resto può crollare, i legami si possono revocare se mettono a rischio questo mantra o imperativo categorico. Dietro questa nuova idolatria c'è ancora l'individualismo, e la sua versione riflessa e vanesia, il narcisismo. Non ci possono essere amore né legami duraturi in una società in cui il narcisismo si è fatto patologico e di massa: si ama troppo se stessi per prendersi cura dell'altro, per accettare il prossimo con tutti i suoi limiti e differenze e per sopportarsi nel corso del tempo. Dissolve ogni fedeltà, mentre tutto si fa fluido e reversibile; resta solo l'Io e l'unica preoccupazione è il suo benessere. Con queste premesse non è possibile alcun orizzonte comunitario, alcuna coesione e connessione sociale, alcuna appartenenza politica, ma neppure alcun amore di coppia o legame di gruppo. L'idea stessa di famiglia cede al primato assoluto del singolo e al suo «star bene con se stesso».

Senza comunità non è possibile alcuna società, ma solo un frigido e mercantile contratto sociale, fondato sulla momentanea e reciproca utilità. Non è possibile riconoscere una comune appartenenza, ma solo una comune utenza o una transitoria, occasionale convergenza verso gli stessi consumi, guidati dai trend e dalle mode. Nessun «noi» è pensabile, perché siamo mutanti in base ai nostri desideri individuali, e dunque cambiamo partner e gestore, compagni di avventura e d'esperienza, mutando convenienza.

Un tempo i progressisti opponevano alla comunità intesa come un insieme chiuso la società intesa come un insieme aperto. Ma ora viviamo in una società *coperta*, sempre più sorvegliata, tracciata e controllata; subiamo limitazioni e controlli impensabili in una vita comunitaria, senza peraltro avere i vantaggi e le motivazioni forti di tipo comunitario.

Alla fine del millennio scorso, in un saggio su *Comunitari e liberal*, figurammo quell'alternativa per l'avvenire. Alternativa oggi urgente, anche se non c'è una compiuta rappresentazione politica dei due poli antagonisti. Tradotta in questo ambito, diremo che la scelta è tra l'amore di comunità e l'amore di sé e/o dell'umanità. Scivoliamo sempre più verso una società liberal, nichilista e cosmopolita, liberista e libertaria nella sfera privata, con punte radical, ma sul piano pubblico con ricadute repressive e liberticide, e con censure sempre più asfissianti. Nello stesso tempo l'insorgere dei populismi, dei sovranismi e dei movimenti conservatori, nazionali e sociali, sono risposte spesso elementari, inconsapevoli, grezze, inadeguate a un bisogno comunitario reale, profondo e diffuso.

Le ideologie collettiviste del passato, tra socialismo democratico e comunismo, tradiscono ora un'indole individualista e il primato delle soggettività, disegnano ogni giorno di più una politica individualista e global, nel sogno di un mondo di sradicati fluidi senza identità e senza comunità, in transito globale.

Non viene adeguatamente rappresentato e reso visibile l'amore naturale e culturale, biologico e spirituale, per la comunità. O viene usato il linguaggio di ieri per indicare un bisogno di oggi e una necessità per domani; si evoca l'appartenenza religiosa, l'amor patrio e la difesa della famiglia per indicare esattamente quel che sentiamo mancare: un forte e sentito legame comunitario, a vari livelli, in cui ritrovare se stessi oltre la nostra singola individualità privata, i nostri desideri soggettivi. Comunità naturali, affettive ed elettive, comunità di provenienza, politiche e di destino, comunità professionali, culturali e tradizionali.

Sono pericolose quanto artificiose le pseudo-comunità sorte dall'isolamento, spesso agglomerati ringhiosi di risentimenti ed emarginazioni che armano le frustrazioni. Tanto sono aggressive le pseudo-comunità di clan, di club o di setta, quanto sono fittizie e interiormente vuote. Si insinuano in villaggi, periferie, banlieue o branchi e collettivi. Reti effimere, occasionali, orgiastiche, emozionali, virali. La comunità sorge da un'esigenza naturale che si costituisce in orizzonte culturale, radicandosi nel tempo e nello spazio. È il nesso tra natura e cultura a fondare il destino di una comunità: nei movimenti *woke* vige piuttosto la sua contraffazione.

Se un progetto comune di vita ci aspetta al largo nell'avvenire, è la comunità. Si vive male e si muore peggio da soli, la comunità dà un senso e ci proietta in un orizzonte e un destino, sola possibilità di rigenerare un popolo e rifondare lo spirito di comune appartenenza. Sarebbe la vera rivoluzione, la vera trasgressione, il punto di svolta e il cambio di paradigma: pensare e vivere la comunità. In famiglia, in patria, nella nostra città e nella nostra civiltà.

L'Italia sta morendo di denatalità. Una patria che non è amata alla fine si ammala e finisce. L'Italia si va estinguendo ma se ne deduci la naturale conseguenza, la sostituzione etnica, passi per razzista. Gli italiani spariranno nel giro di pochi decenni, dicono le statistiche; ma a denunciarlo, scatta l'accusa di covare nell'amor patrio il suprematismo etnico e nazionalista. Il tema vero, drammatico, è la cancellazione di un popolo, di una nazione, di una storia e di una civiltà; ma il tema fittizio che sostituisce il dramma reale è che, se non accetti la morte dell'Italia, vuoi in realtà discriminare coloro che sostituiranno gli italiani, i migranti. Così l'amor patrio viene tradotto in xenofobia, da amore per il nostrano si rovescia in odio razzista per lo straniero.

Quindi non resta che rassegnarsi all'estinzione del popolo italiano? «Sostituzione etnica» è un'espressione tecnicamente appropriata, ma non implica un piano prestabilito di sostituzione, di cui non ci sono elementi sufficienti per sostenerlo o per confutarlo. Ci sarà chi auspica questa sostituzione e persino qualcuno che si adopera fattivamente per favorirla, ma è fumoso imbarcarsi in una dietrologia complottista senza riscontri reali e accertati.

Meglio attenersi alla realtà e ragionare intorno a quella: un popolo che non fa figli, anzi non li vuole, a eccezione di coloro che non possono averli (come le coppie omosessuali o i single), lascia inevitabilmente spazi vuoti che vengono colmati da flussi migratori. Il problema principale non è solo quello di frenare i flussi, arrestarli o almeno governarli per evitare il caos, ma invertire la tendenza, ovvero riuscire a incentivare, favorire la natalità in un paese avaro di nascite. Le ragioni della denatalità sono legate da un verso alle oggettive difficoltà di fare famiglia e mettere al mondo figli, con il tipo di vita e di società vigente, con i genitori entrambi impegnati nelle attività lavorative e la scomparsa della famiglia patriarcale dove nonni, zii e figli più grandi si occupavano dei figli minori e affiancavano i genitori nella loro cura. Dall'altro verso, il modello di società fondata sul primato assoluto dell'individualismo e dei suoi succedanei (narcisismo, edonismo, egoismo) è refrattaria a limitare libertà e benessere individuali (o di coppia) per assumersi l'onere di procreare e far crescere dei figli. Non puoi chiedere a nessuno di sacrificarsi per qualcuno, inclusi i propri figli.

Il tema è ancora una volta l'anemia d'amore per i figli che verranno. Si ama troppo se stessi per amare loro. C'è un'ostentata indifferenza alla morte del popolo italiano, unita alla convinzione che un abitante valga l'altro: non contano i popoli, le nazioni, le civiltà, ma i singoli e la società globale.

Che amor patrio si può coltivare se si è sempre, sistematicamente, dalla parte di chi viene da fuori e da lontano, e mai dalla parte del proprio popolo, della propria nazione, della propria civiltà e identità? Del comunismo sopravvive solo la *pars destruens*, la cancellazione dei popoli, l'abolizione della realtà, la negazione dei sentimenti di appartenenza e dei legami naturali e culturali su cui si fonda un popolo, una nazione, una civiltà. Eppure l'amor patrio si collega a un principio naturale e universale di autoconservazione: ogni famiglia, ogni popolo, ogni nazione vuole salvaguardare la sua esistenza e non estinguersi. L'unica natalità di cui ci si preoccupa è riferita a chi non può avere figli in modo naturale e reclama il diritto di affittare uteri o di praticare fecondazioni artificiali, senza amore.

Se si spegne l'amore per i bambini in compenso cresce l'amore per gli animali, ma s'inserisce in un contesto generale di mutazioni di valori e priorità: in tema di sesso, d'infanzia, di specie, di popoli e di natalità. Perché negare a quel bambino il diritto di sentirsi bambina, perché negare a quell'uomo il diritto di esibire la propria omosessualità, perché negare a quella coppia gay il diritto di comprarsi un figlio per procura, perché prendersela con una bambolina di colore, trans, hybrid, perché criticare chi preferisce il cagnolino a un bambino? Ogni fatto in sé è un piccolo dettaglio, a volte perfino tenero e innocente, concerne la vita di un single o del suo partner. E se li vediamo ciascuno a sé, non è la fine del mondo. Il problema sorge quando si sommano i desideri: la tendenza in atto, l'effetto complessivo di tante piccole storie a sé, è il venir meno, pezzo dopo pezzo, di una società, di un mondo, di un rapporto con la vita, con la natura, con la storia. Ci sono voluti secoli, generazioni, esperienze di vita e di morte, legami comunitari, tradizioni, usi, costumi, sacrifici, amori millenari per formare una civiltà. Ma basta poco per scioglierla nell'acido della soggettività. Basta dire «io voglio», ripetuto in più casi, per distruggere il «noi siamo»: bastano i singoli desideri separati dai diritti, dai doveri e dai legami, per sfasciare in breve tempo una civiltà. Il diritto comunitario, delle famiglie – lo dice anche il papa – è stato sostituito dal diritto individuale, caricato di desideri egoistici.

Ci volle tempo, fatica, sforzo collettivo, ingegno di costruttori, ideatori e architetti per edificare un tempio, e anche ispirazione religiosa, amor di fede e fedeltà; basta un Erostrato per incendiarlo in una notte. Distruggere è più facile che costruire, ma anche più rapido. Non te ne rendi conto, tanto è fatto di fretta e d'impulso. Perciò il tentativo di rimettere il mondo in piedi, o di rimettere al mondo la vita, va visto come un onesto, grandioso, necessario progetto d'amore che salvaguarda la civiltà in pericolo, a partire dal suo ambito più tenero e ristretto, il più indifeso: la famiglia e la sua punta più avanzata e inerme, il nascituro. Ripartire dall'amore di comunità, a ogni livello, per rianimare una civiltà morente.

La più sorprendente dichiarazione d'amore alla tradizione è di Pier Paolo Pasolini, che ne riassume il senso in una triplice esortazione rivolta a un ragazzo, per giunta fascista: «Difendi, conserva, prega». E, in un altro indimenticabile verso di un'altra poesia, scrive: «Solo nella tradizione è il mio amore». È bello ritrovare tracce di quell'amore in chi appare, o appariva, il più refrattario e ostile.

La patria non è eterna o immortale, come cantavano invece i patrioti del passato. Le patrie possono perire, come gli uomini che vi appartengono. La storia dell'uomo, osservò Simone Weil nell'*Enracinement*, è costellata di patrie sepolte, città distrutte, civiltà finite.

La patria rappresenta la continuità nel tempo, tra le generazioni, una specie di durata che può definirsi transmortalità. Ma anche le patrie, come le civiltà di cui scriveva Paul Valéry, sono mortali. La loro morte si chiama decadenza, tramonto, sradicamento, oppressione e colonizzazione. Questo loro destino precario non spegne l'amore, semmai lo acuisce, lo fa vibrare di un pathos struggente, come quello che si prova per chi si ama ma di cui si annuncia o si prefigura la perdita: perché l'amore è promessa d'eternità e la vita, invece, è annuncio di mortalità. In quella tragedia di ogni amore si riconosce pure l'amor patrio.

## Sesto grado
## AMOR MUNDI
*«L'amor che move il sole e l'altre stelle»*

«Tutto l'universo ubbidisce all'amore». Nei versi di una canzone di Franco Battiato, scritti da Manlio Sgalambro, risuona l'ultima eco perduta di una visione del mondo venuta da lontano. In quelle poche parole mutate in mistica leggera da un pensatore ateo e nichilista per assecondare la vena visionaria del suo amico cantautore, balena una luce che proviene da altezze remote. Da oriente a occidente scorre la sapienza del mondo, e nell'Italia pitagorica sfiora Parmenide, Empedocle, raggiunge dopo svariati secoli i versi di Dante, che culminano nel suo viaggio in Paradiso e concludono la *Divina Commedia*: «L'amor che move il sole e l'altre stelle». Il cerchio si chiude nella perfezione dell'amore, energia divina che muove l'universo. Come tradurre in sintesi questa concezione?

L'amore è la forza d'attrazione del mondo che congiunge ogni vita al suo principio e ad altre vite, ogni pianta al suo frutto e ogni frutto alla sua pianta. Unisce l'anima al corpo, la fonte e la foce, il cielo e la terra, lo spirito e il corpo. Il miracolo d'amore è quello, il mutarsi dell'energia in massa e viceversa, la potenza della mente che modifica i corpi. Un continuo scorrere dal corporeo all'incorporeo e viceversa, e dall'intenzione all'atto. L'amore è l'impulso originario che spinge le anime, come i corpi, a immergersi, e convive con il moto inverso che induce le anime a emergere. Uno identifica, l'altro distingue, è il moto pendolare su cui si regge il mondo. Proviamo a seguire i tracciati e le piste dell'*amor mundi*.

Corsi e ricorsi tra il mito e la scienza. La sapienza antica ritorna nella fisica quantistica con l'*entanglement*, che è poi l'intreccio fra tutto ciò che esiste. Una forza d'attrazione agisce a distanza tra i corpi celesti: così la legge di gravitazione universale di Newton, che era anche studioso di magia e di alchimia. Dall'astrologia all'astronomia i corpi celesti esercitano un'influenza sui fenomeni a grande distanza. Gravità terrestre e gravitazione celeste, due leggi di attrazione in cielo e in terra. Poi verrà l'elettromagnetismo. Quando l'uomo si sente immerso in questa realtà universale, avverte un «sentimento oceanico», che traspone il leopardiano «naufragar m'è dolce in questo mare». Il sentimento oceanico è un'espressione che ondeggia in un carteggio degli anni venti tra Sigmund Freud e Romain Rolland, per indicare «una sensazione d'eternità», «essere tutt'uno con il mondo esterno nel suo insieme», ispirandosi a Ramakrishna, mistico orientale: «Tutte le cose sono collegate le une con le altre, e sacra è la loro connessione». Nelle *Leggi* l'anziano Platone sostiene che ogni singolo frammento è in rapporto intimo con il cosmo: «Ogni vita sorge per il Tutto e per la felice condizione dell'armonia universale». «Il corpo è nell'anima, l'anima nella mente, la mente è Dio o è in Dio, come disse Plotino» (Giordano Bruno, *Gli eroici furori*).

L'amore che muove l'universo viene dalla sapienza delle origini. Affiora nella teogonia di Parmenide e nella concezione dell'universo di Empedocle che ubbidisce all'amore e affronta il suo rovescio, la disunione. Sfero (*sphairos*) è la forma che assume l'universo quando è dominato dall'amore; è forza cosmica, per il sapiente siciliota, principio di coesione universale. Il processo cosmogonico si riflette nello sviluppo dell'embrione: il ciclo della generazione è analogo alla nascita del cosmo. Eros cosmogonico, direbbe Ludwig Klages. Secondo Empedocle il mondo è formato da quattro radici (*rhizai*) e dunque da quattro elementi – acqua, aria, terra, fuoco – che sostanziano tutte le cose. L'universo è governato dalla tensione fra l'amore (*philia*) e la contesa (*neikos*), che si alternano a comporre e lacerare l'ordito dell'universo. Con l'amore prevale l'età della concordia, tutti gli elementi sono fusi in una sfera perfetta e armoniosa, priva di fratture e conflitti interni, e ardono «di un mite amore». Quando invece esplode la discordia, le parti si scompongono e si urtano, ognuna va per suo conto. Nell'amore il simile ama il dissimile, nella discordia il simile è attratto dal simile ed è ostile al dissimile. Per Empedocle l'amore è necessario, ma necessaria è pure la contesa. Non c'è dunque il caos alle origini dell'universo, ma il conflitto tra l'amore e la discordia, tra la connessione e la sconnessione, l'ordine e il disordine. Un cerchio che contiene quattro cerchi figura nelle prime edizioni del lucreziano *De rerum natura*, la visione dei quattro elementi di Empedocle. Il mondo in un recinto, con quattro sottoinsiemi. L'*amor mundi* getta il ponte tra il mito e la scienza.

L'equazione amorosa di Paul Dirac: due particelle che erano a un certo punto collegate rimangono collegate per sempre, una continua a influenzare l'altra anche se sono distanti anni luce. Due sistemi interagiscono in osmosi, fino a diventare una cosa sola. L'equazione della connessione quantistica rimbalza nel web tra i romantici in cerca di una formula dell'amore. La fisica quantistica echeggia le *Enneadi* di Plotino, secondo libro: «Nessuno è separato dal tutto; ognuno agisce sugli altri e subisce dagli altri un'azione». La magia si basa sullo stesso principio: le cose che sono state una volta a contatto continuano ad agire l'una sull'altra a distanza, sostiene James Frazer nel *Ramo d'oro*.

Contagio, omeopatia, similarità e biodinamica, energia ed empatia per la medicina quantica. Nel quinto libro delle *Enneadi* Plotino pone la perfetta corrispondenza nel mondo delle forme tra microcosmo e macrocosmo, ogni singolo elemento contiene il tutto e ne è a sua volta contenuto, c'è connessione fra tutti gli elementi. «Ognuno possiede tutte le cose in se stesso e vede ogni cosa nell'altro, tutto è dappertutto [...] ogni singola cosa è tutto, lo splendore è infinito». Onnicentrismo e Unità. Non c'è luogo che sia straniero. Il sostrato di tutto è l'Intelletto, l'Intelligenza dell'universo, emanazione del divino. «Tutto lassù è inesauribile»: beatitudine. L'amore coincide con la contemplazione, si rispecchia nell'armonia del tutto con le parti, riverbera nella sapienza. Il mondo perfetto come un amore del tutto appagato, e risolto. Anche il significato dello Yoga è unione, fusione amorosa, connessione con il tutto, come la *religio*, il *logos* e l'*amor mundi*.

Cos'è del resto l'energia che muove il mondo e vibra nello spazio, anima ciò che vive, genera calore e lavoro, si fa materia e spirito? Chiamiamo quell'energia amore, forza di attrazione e mobilitazione universale, principio ordinatore dell'universo. C'è un'espressione bellissima che il teologo e scienziato Pierre Teilhard de Chardin usa per indicare l'energia divina che si propaga nell'universo: *amorisation*. Nell'amorizzazione l'anima individuale è parte dell'anima del mondo, come insegnavano i saggi induisti e buddisti, e come dicono alcuni fisici contemporanei (Hans-Peter Dürr, per esempio, sostiene che «l'individuo umano è connesso con l'intero cosmo»).

Ma per non disperderci nel cosmo e nel sincretismo delle citazioni, ripartiamo dagli albori della modernità, da quell'epoca denominata rinascimentale, in cui si indagò sull'ordine naturale, ponendo l'uomo al centro dell'universo.

L'uomo rinascimentale può essere rappresentato immaginando due assi che s'incrociano: uno va dalla natura alla scienza e l'altro dall'arte alla magia. Al centro dei due assi è l'uomo, concepito come *homo faber*, artefice della sua fortuna. Egli è al centro dell'universo. Marsilio Ficino lo definisce *copula mundi*, Pico della Mirandola lo ritiene fabbro del suo destino, libero di scegliere se diventare angelo immortale o bestia mortale. Quello fu il momento irripetibile in cui l'uomo si sentì creatura e insieme creatore, figlio di Dio e padre del mondo, apice dell'ordine naturale, proteso verso l'ordine soprannaturale. Fu il tempo magico e breve, in equilibrio perfetto e precario, in cui l'uomo, misura di tutte le cose, diventò centro dell'universo. La svolta antropocentrica non era ancora situata fuori dal regno di Dio e dal regno della Natura, era dentro quel doppio grembo, di cui era il tramite.

Cosa ne è stato del progetto umano rinascimentale e dell'ordine naturale a cui si riferiva, come sono cambiate la scienza, l'arte e la tecnologia, cosa hanno prodotto nel mondo e come hanno modificato il posto dell'uomo? Hanno spodestato l'uomo, non più al centro dell'universo, e hanno liquidato l'idea stessa di un ordine naturale nel cui contesto era situata la natura umana, con i suoi limiti invalicabili, le sue differenze. Senza accorgercene siamo entrati nell'epoca inversa del Rinascimento: nel *Denascimento* o nella *Disnascita*, per usare un'espressione di Marìa Zambrano. L'idea stessa di natura è stata sostituita dalla definizione più asettica di «ambiente», che si può riferire tanto al mondo naturale quanto al mondo costruito dall'uomo. Ambiente è un bosco come una fabbrica, una stanza come un fiume. Surrogando la natura rifiutano la realtà che precede l'uomo, il mondo che non abbiamo fatto e voluto noi, ma in cui siamo immessi dalla nascita. Natura vuol dire creato, e l'uomo come creatura; vuol dire legge naturale, ordine naturale, limiti naturali. Rispetto alla visione rinascimentale, c'è stata una doppia trasmutazione: madre natura è sostituita dalla maternità surrogata dell'ambiente, e l'*homo faber* è sostituito dalla tecnica e dai suoi prodotti, mediante l'Intelligenza artificiale e la dipendenza dalle macchine. È l'inversione dei mezzi e dei fini: lo scettro sovrano passa all'economia e al mercato, la bacchetta magica è la tecnologia, e l'automazione. L'uomo è l'assistente del suo robot, non più «utilizzatore finale» della tecnologia ma terminale periferico dei suoi stessi strumenti e del procedere senza scopo, tra segni privi di senso, algoritmi privi di significato, solo funzionali. Lo snaturarsi del mondo coincide con la sua disumanizzazione. A prefigurare questo scenario, in chiave positiva, è Elémire Zolla in *Uscite dal mondo*.

In verità questo processo era già *in nuce* nel Rinascimento, soprattutto nel suo versante magico, alchemico e prometeico, nelle rappresentazioni divine dell'uomo e nel sogno di scienziati, alchimisti e naturalisti. Dapprima è la facoltà immaginativa dell'artista-scienziato che si fa scopritore, inventore, demiurgo. Strada facendo cresce il mondo artificiale rispetto al mondo naturale, ma è ancora fabbricato dall'uomo, che potenzia e prolunga le sue mani, la sua vista, la sua forza tramite gli strumenti meccanici e non solo, in un succedersi esaltante di invenzioni e perfezionamenti progressivi. La parabola dei mezzi cresce, la parabola dei fini decresce: l'automazione finisce con il rendere automatici i processi, non più dipendenti da finalità e volontà umane. Il paradosso è che l'uomo modifica la natura ma è modificato dalla tecnica, riduce l'influenza della natura ma subisce l'influenza della tecnica; un trasferimento progressivo di poteri fra vasi comunicanti che produce alienazione e dal superuomo va al transumano. Cosa è accaduto? *All'amore si è sostituita la potenza.* L'amore è salvato nella dimensione privata, interpersonale, ma non è più, come aveva intuito Novalis, il fine ultimo della storia universale, l'amen dell'universo (*Frammenti*). Natura è il Tutto animato. Ora si dissolve nei flutti della storia, dominata dalla volontà di potenza.

In età moderna l'*amor mundi* riparte dal mito del buon selvaggio e della nostalgia per la natura incontaminata; l'aspirazione alla purezza delle origini e il rigetto di una civiltà sofisticata e ipocrita. Il risultato finale è un falso naturalismo, come una specie di *roof-garden* in cima al mondo artificiale. Il buon selvaggio nasce dalla cattiva coscienza di una civiltà che fa i conti con le sue imprese coloniali e critica le costrizioni, lo schiavismo e le servitù.

Idealizza la natura e non vede le sue crudeltà e le sue asprezze, la «natura matrigna» di Leopardi; idealizza l'uomo allo stato di natura, lo ritiene *naturalmente* buono, sano, sincero, poi corrotto dalla civiltà e dalle sue costruzioni politiche, sociali, economiche e religiose. Nega il realismo di Hobbes e Machiavelli sulla natura ferina dell'uomo e ne abbraccia un'idea puerile con la sua innocenza originaria.

Da cui nasce un surrogato d'amore che Hegel chiamerebbe «la pappa del cuore» (l'odierno buonismo).

Ma il selvaggio è mosso dalle pulsioni, a partire dall'istinto di sopravvivenza; non è buono e amabile in natura, è crudo e brutale, come del resto è la vita. L'istinto di sopravvivenza è la molla originaria, non sopraggiunta con la civiltà, la generosità è solo un riflesso ulteriore o un'estensione degli istinti protettivi verso chi ci appartiene. Così le disuguaglianze sociali non sono solo il frutto di costrizioni sociali, dominazioni e sfruttamento, come pensava Rousseau; esistono già in natura perché gli uomini nascono diversi per sesso, forza, indole, intelligenza e fattezze, oltre che per habitat e clima. Genuino o ingenuo non sono sinonimi d'indole buona e animo puro.

Il mito del buon selvaggio ribalta l'idea cristiana del peccato originale ma anche l'idea laica del progresso come inarrestabile miglioramento. E nutre da un verso la nostalgia del paradiso originario, l'eden perduto, e dall'altro incrocia il pensiero illuminista fondato sul primato della ragione contro l'oscurantismo della religione. Ma la natura è negata dalla macchina o dalla civiltà, dalla tecnica o dalla storia, dalla modernità o dalla tradizione, dalla religione o dall'industrializzazione, o da ambedue? È l'egoismo che produce sopraffazione e dominio o è la religione, con le sue costrizioni e la sua idea del peccato originale? Il ritorno alla natura è liberazione dell'uomo attraverso un umanesimo «eco-compatibile» o è liberazione dall'umanesimo con le sue costruzioni artificiali, fino a liberare «l'animale che ti porti dentro»?

Con il suo buon selvaggio, Rousseau rende incompatibile lo spirito romantico con l'illuminismo. Peraltro il romanticismo in sé è *confusio*, *coincidentia oppositorum*, è tutto e il suo contrario, assenza di limiti, eccesso, occasionalismo, nostalgia reazionaria e insieme rivoluzione. Nel mito del buon selvaggio, che sorge non a caso agli albori del capitalismo, la società del Settecento rivede i suoi canoni e cerca un rapporto più verace e diretto con la natura a partire dal corpo, le pulsioni sessuali, i richiami naturali. Avverte di essersi troppo allontanata dagli elementi naturali, dalla terra, dagli animali e dalle piante, e vuol tornare al mondo naturale. Il pensiero «selvatico» accompagnerà come un fratello silvestre la filosofia, l'arte e la letteratura: riemergerà in forme diverse, da Schopenhauer a Nietzsche, rispetto alla linea razionalista e storicista, idealista e scientista, oltre che nel naturalismo artistico e letterario, in una parabola che si può riassumere così: da Rousseau il pensatore a Rousseau il doganiere, pittore della natura esotica, lussureggiante e primordiale.

Per lungo tempo restò una linea d'ombra, una cultura alternativa, minoritaria rispetto ai due secoli dominati dal primato della storia e dal conflitto tra Progresso e Tradizione, tra operai e borghesi, tra fabbrica e altare (incluso l'altare della patria). Riemerse poi sull'onda della contestazione giovanile in una nuova forma anarchica, permissiva, egualitaria ed ecologista. Il ritorno alla Natura restava un'utopia regressiva o una retrotopia rispetto a chi sognava il sol dell'avvenire, il riscatto operaio e la Città futura. A volte ha deviato il suo percorso, scoprendo erbe e fumi, fughe in mondi esotici o allucinati, raduni hippy e riscoprendo la nuda vita.

Che fine ha fatto ora il buon selvaggio, dove abita o si nasconde? Ha assunto un duplice aspetto, endogeno ed esogeno. Il primo è il selvaggio di ritorno, come si dice dell'analfabeta di ritorno, ovvero si diffonde un tipo selvatico, neoprimitivo, nel pieno della società avanzata, che usa la tecnologia, ascolta musica, «beve» i video e segue i trend del suo tempo, ma in uno stato regressivo. Vive d'istinti e d'istanti, totalmente scollegato da ogni passato e futuro, da ogni cultura e tradizione, seguendo solo ciò che gli va di fare o ciò che «lo fa stare bene». Questa tendenza selvatica nulla ha a che vedere con «l'omo salvatico» di Giovanni Papini e di Domenico Giuliotti, che era colui che «si salva» dalla modernità. Il neoprimitivismo si espresse nell'arte, poi indicò la tendenza neobarbarica dell'uomo-massa, descritta da Ortega y Gasset. Oggi il selvaggio è accessoriato, tecno-dotato, usa un linguaggio basic, ha modi rozzi e mente incolta, incivile, scollegata, risponde a impulsi e riflessi condizionati e vive solo di accessi momentanei.

Accanto al selvaggio endogeno o indigeno è apparso con gli anni il selvaggio esogeno o allogeno, venuto da lontano, magari sui barconi in fuga da società povere e primitive, ma con il miraggio del benessere ipermoderno. I flussi migratori sono il girone di ritorno, e la nemesi, della colonizzazione e dello schiavismo. Si è così sviluppato in Occidente un nuovo mito del buon selvaggio applicato al migrante venuto dall'Africa o dai paesi arretrati: i malvagi siamo noi, lui è genuino, *naturaliter* generoso, non ancora corrotto dalla civiltà, anche se spesso impregnato di fanatismo religioso o tribale. Così tornammo al selvaggio di partenza, il viaggio circolare è compiuto: fine della storia, in ogni senso. I due selvaggi però non riportano al mondo naturale, ma vivono selvaggiamente nel mondo artificiale, e con rancore.

«Vivere la vita come amore significa cercare di unificarsi con tutto e tutti». A un «sentimento cosmico» che abbraccia il mondo, «cielo, animali, piante e pietre», che risolve «la storia dell'uomo nella storia della natura» approdò al termine della sua opera, *La vita come amore*, Ugo Spirito, inquieto filosofo che attraversò l'idealismo e l'attualismo, il fascismo e il comunismo, per approdare alla filosofia come incessante ricerca, definita problematicismo e onnicentrismo. Spirito parte dalla religione dell'amore, il cristianesimo, di cui elogia l'iniziale anti-intellettualismo, la comprensione dell'altro senza giudicarlo, la carità, l'elogio dei fanciulli e degli ignoranti, il rigetto di ogni orgoglio egoistico. Ma poi ritiene che il cristianesimo abbia deviato lungo la via, nella dottrina come nella prassi, abbia voltato le spalle all'amore e si sia convertito proprio a quei mali di cui patisce la modernità. Accusa curiosamente anche la Controriforma di aver «ceduto agli interessi della vita moderna». Quella modernità che con Cartesio ha anteposto l'io a Dio. Alla fine Spirito comprende nel fallimento e nel tramonto della civiltà cristiana anche l'erede politico e sociale del cristianesimo, il comunismo, caduto anch'esso strada facendo nell'intellettualismo e nel dualismo, tradendo l'amore con l'odio di classe.

Cosa si oppone all'amore, secondo Ugo Spirito? Il distacco, quel separarsi e giudicare, l'individualismo egocentrico. L'amore, dice sorprendentemente Spirito, «è sempre amore di Dio», e questo comporta la negazione dell'io come realtà autonoma. In Dio «oggetto assoluto di amore» si ama l'universo e ogni cosa. E nell'amore va abbracciato anche il male e il negativo. Ecco un bel passo di Spirito: «Ogni volta che scopro l'apparenza del male e ritrovo il bene al di là di essa; ogni volta che mi accorgo di non aver capito ciò che condannavo e riesco ad allargare il mio orizzonte ricomprendendovi ciò che avevo escluso; ogni volta che cade una ragione di odio e si placa l'animo nella serenità del giudizio di fatto, sento di essere sulla via d'intendere l'armonia dell'universo e la speranza si rafforza lungo il cammino».

La vita come amore si esprime nella vicinanza a chi soffre, nell'indulgenza verso tutto e tutti e nel non farsi travolgere dallo «spettacolo della morte». La sua utopia amorosa respinge ogni condanna di chi compie il male, rifiutando il principio di responsabilità e ritenendo «veramente cattivo chi si distingue dai cattivi». Cristianesimo, idealismo e comunismo restano invece prigionieri dell'individualismo e dell'intellettualismo, nonché della supremazia del conoscere sul fare, che il marxismo intendeva risolvere l'uno nell'altro. All'amore si sostituisce l'odio, l'infelicità accomuna padroni e servi, ricchi e poveri, ma per il marxismo restano antagonisti. Per liberarsi dell'infelicità bisogna liberarsi della soggettività, «non giudicare rasserena l'animo e apre alla conciliazione con il mondo». La nostra schiavitù, per Spirito, è in due parole che di solito sono considerate i segni della nostra dignità: persona e libertà. Bisogna liberarsi d'ambedue, sostiene Spirito, l'amore ci porta a un altro livello. Ma la storia, la filosofia, il diritto e la religione alla fine si estinguono nell'*amor mundi* spiritiano. Naufragano con il soggetto anche il pensiero, il diritto, la civiltà, l'umanità. L'amore come perdita di sé per congiungersi e confluire nel tutto cosmico.

È realizzabile l'utopia di Spirito, può sopravvivere una società senza responsabilità e giudizi, senza diritti e doveri, senza riconoscere meriti e colpe, senza distinguere tra il bene e il male? E, in fondo a tutte, l'obiezione cruciale: è possibile un amore senza soggetto? Forse, dopo una radicale mutazione metafisica, prima che antropologica e culturale, dove il centro non è più l'io: una svolta verso l'Oriente più profondo, verso l'induismo e il buddismo, fuori dal nostro umanesimo storico e cristiano. Si estingue non solo l'io ma anche il mondo, che si rivela illusorio. Così svanisce anche l'oggetto d'amore. Puro Spirito.

Federico Faggin, inventore italiano vissuto negli Stati Uniti, è il padre del microprocessore, del touch screen, dei telefoni precursori dello smartphone e della tecnologia digitale. A un certo punto della sua vita ebbe una crisi spirituale, ripudiò il materialismo e lo scientismo e scoprì che l'uomo è irriducibile a una macchina o un computer, irriproducibile e insostituibile da un robot, un algoritmo o dall'Intelligenza artificiale. E la coscienza esiste davvero, come il libero arbitrio e la nostra identità spirituale, mentre il materialismo ci conduce in un vicolo cieco.

Suo padre Giuseppe, filosofo, era studioso di Plotino e curò le *Enneadi*; Federico invece preferì studiare da perito tecnico, con gran delusione del padre, poi si laureò in fisica. Grandi scoperte e successi ma era inquieto, in crisi. Fino a che in una notte prenatalizia, sul lago Tahoe, Faggin avvertì «una fortissima energia irradiarsi dal suo petto» e da allora intraprese un cammino spirituale di conoscenza e di autoconoscenza, intrecciandolo con la ricerca scientifica. Sognava di dimostrare che il mondo non è frutto del caos, del caso, degli atomi e di un «orologiaio cieco», ma di «enti coscienti che esistono da sempre» e sono tra loro connessi. Il risultato che ne derivò dopo anni di studi fu la scoperta della coscienza e del suo regno, tra creatività, libero arbitrio, emozione e consapevolezza di sé. Nel suo saggio *Irriducibile*, Faggin mostra «la natura spirituale dell'universo»: la materia è fatta di energia vibratoria, una cellula è ben più d'un miscuglio di atomi e molecole. Per il materialismo tutto ciò che esiste è prodotto dall'interazione di atomi e molecole, concezione della fisica superata ormai dalla fisica quantistica. Invece, come un vivo nasce solo da un vivo (non da una macchina o da un oggetto senza vita), così la coscienza non può sorgere da organismi che ne siano privi: evoluzione impossibile. Noi non siamo solo il nostro corpo mortale: quando si separa da noi, la nostra essenza o *Seity* torna all'Uno; il giorno della morte diventa il giorno della nascita all'eternità (*dies natalis*).

Faggin avversa il riduzionismo, il determinismo e il meccanicismo. Non è la matematica a creare il mondo. In noi, oltre i modelli computazionali e meccanici, ci sono le emozioni, il pensiero creativo, il coraggio, l'empatia, la libertà e l'esperienza. In una parola, l'amore. Il computer non ha comprensione delle situazioni, come la scelta etica non può derivare da algoritmi. Il pc è una creazione umana, le sue idee sono quelle di chi lo ha programmato, è solo un amplificatore delle nostre capacità mentali, ma soltanto di quelle meccaniche.

Chi induce a negare la natura spirituale, il libero arbitrio e le identità compie «un crimine contro l'umanità» che «porta all'eliminazione dei valori umani». Vivere è conoscere, per Faggin: la coscienza, attraverso l'esperienza fatta di *qualia*, che sono poi le sensazioni e i sentimenti, comprende il mondo. La nostra intelligenza non calcola ed elabora dati ma è «intuizione, immaginazione, creatività, ingegno e inventiva; e lungimiranza, visione, saggezza. Empatia, compassione etica e amore». Facciamo parte di un'unica sostanza universale, dice con Giordano Bruno, e con il poeta iraniano Rūmī: «Non sei una goccia nell'oceano, sei l'intero oceano in una goccia». Torna il sentimento oceanico. Dentro di noi e in ogni cellula c'è l'universo intero. La visione antica riaffiora nella ricerca scientifica recente. Nella nostra esistenza, sostiene il neurofisiologo John C. Eccles, c'è un mistero inspiegabile in termini materialistici, il cosmo non gira senza senso ma fa supporre un grande disegno. Occorrono, per il matematico Roger Penrose, «idee nuove e potenti, che ci conducano in direzioni significativamente diverse da quelle attualmente seguite».

C'è un filo sommerso, biografico e filosofico, nelle pagine di Faggin: un filo che parte da quando il fisico voltò le spalle a suo padre e alla sua filosofia, facendosi perito tecnico. Poi le scoperte, i successi, la crisi e l'illuminazione. Tutta la ricerca che ne seguirà è, chissà se consapevolmente, sulle tracce del pensiero metafisico di Plotino, passione paterna. Compresa l'illuminazione e il «fuoco interiore» del suo prender coscienza. C'è traccia di Plotino e di Platone nelle sue tesi, dal ritorno di tutto all'Uno, da cui «in realtà non si è mai mosso», alle idee generali che precedono ogni creazione, dalla visione olistica dell'universo in cui tutto è collegato a tutto, anche a distanza, all'idea che siamo esseri spirituali imprigionati temporaneamente in un corpo. Faggin cita infine Plotino: «Ricondurre il divino che è in noi al divino che è nell'universo». Immaginate il sorriso postumo di suo padre nel vedere il ritorno a casa di suo figlio: in lui tornano le intuizioni di quel pensiero che la scienza conferma con la relatività generale e la meccanica quantistica. Il Fisico tornò al padre, il Metafisico.

Circola da tempo una lettera di Albert Einstein alla figlia Lieserl sull'amore. Non sappiamo se sia vera, falsa o sia una beffa ante litteram prodotta da un'Intelligenza artificiale, ma è così bella e salutare che giova riportarla: «Vi è una forza estremamente potente per la quale la Scienza finora non ha trovato una spiegazione formale. È una forza che comprende e gestisce tutte le altre, ed è anche dietro qualsiasi fenomeno che opera nell'universo e che non è stato ancora individuato da noi. Questa forza universale è l'Amore. Quando gli scienziati erano alla ricerca di una teoria unificata dell'universo, dimenticarono la più invisibile e potente delle forze. L'amore è Luce, visto che illumina chi lo dà e chi lo riceve. L'amore è Gravità, perché fa in modo che alcune persone si sentano attratte da altre. L'amore è Potenza, perché moltiplica il meglio che è in noi, e permette che l'umanità non si estingua nel suo cieco egoismo. L'amore svela e rivela. Per amore si vive e si muore. Questa forza spiega il tutto e dà un senso maiuscolo alla vita. Questa è la variabile che abbiamo ignorato per troppo tempo, forse perché l'amore ci fa paura, visto che è l'unica energia dell'universo che l'uomo non ha imparato a manovrare a suo piacimento. Per dare visibilità all'amore, ho fatto una semplice sostituzione nella mia più celebre equazione».

Dopo aver sostituito la sua celebre equazione, $E=mc^2$, con l'amore moltiplicato per la velocità della luce al quadrato, prosegue: «Se vogliamo salvare il mondo e ogni essere senziente che lo abita, l'amore è l'unica e l'ultima risposta. Forse non siamo ancora pronti per fabbricare una bomba d'amore», ma ogni individuo, avverte, porta in sé un piccolo ma potente generatore d'amore, e l'amore «trascende tutto e può tutto, perché è la quintessenza della vita».

Vera o falsa che sia la missiva – lo stile ricorda le lettere di Albert alla prima moglie Mileva Marić –, fa bene alla mente, al cuore e al genere umano. Chiunque l'abbia diffusa, nonostante sia inaccettabile ogni manipolazione apocrifa del pensiero altrui, non sembra aver tratto vantaggio personale, essendo rimasto anonimo. Alla fine ha solo arrecato conforto e fiducia. È come quei falsi d'autore più belli degli autentici. Ricorda le «salutari menzogne» di Platone, la *pia fraus* di matrice cristiana. A proposito, fosse stata di un sacerdote sarebbe caduta nella disattenzione totale… È l'attribuzione al genio della fisica a dare alla lettera un valore speciale. Non storico ma mitico. Del resto, in un suo testo, Einstein contempla commosso «i misteri dell'eternità e la stupenda struttura della realtà», ritenendo che il senso del mistero sia «la più bella e profonda emozione». Sta qui – dice – il seme di ogni arte, di ogni vera scienza. Senza la familiarità con il sentimento del mistero si perde il senso della meraviglia e dell'umiltà, si muore o si è ciechi. È la chiave del conoscere come dell'amare (Denis Brian, *Einstein: A life*).

«Mi sembra duro pensare che il rumore del vento sulle foglie non sia un oracolo; duro pensare che questo cane, mio fratello, non abbia un'anima; duro pensare che il coro delle stelle non canti le lodi dell'Eterno». E conclude: «pensare è un atto eroico». Così Simone Weil, ragazza, nei suoi *Primi scritti filosofici* sostiene che «tutto agisce su tutto», l'anima è unita a tutto l'universo.

Nel *Cantico delle creature* san Francesco innalza un inno d'amore al mondo intero. C'è tutto il creato nel suo inno, il Sole e la Luna, le Stelle e l'Acqua, gli animali, le piante e tutto il resto. Non c'è il mare, però; sora acqua è quella che disseta, che lava e che scorre nei fiumi, non quella del mare (e dei suoi abitanti), che pure costituisce la superficie maggiore del globo terracqueo. Francesco viene dall'entroterra umbro, non «vede» il mare e lo tralascia nel suo inno al creato, come se fosse un altro mondo remoto.

Il mare è la libertà e la promessa di libertà, è il gioco e il sollievo, è la bellezza e l'azzurro, è il cielo in terra, l'infinito a nostra portata, il primo aldilà visitato dalle creature terrestri; un altro regno contiguo e remoto, un magico universo sommerso in cui sogni a occhi aperti. Poi può diventare minaccia, paura e naufragio. Il mare è la felicità spumeggiante che ti avvolge a corpo libero. Il mare è l'infanzia e la giovinezza, il mare sono i viaggi, i ricordi, gli amori. Il mare per molti è il paese d'origine, il suo odore. Il mare è la massima figurazione della libertà e degli spazi infiniti ad altezza d'uomo, il massimo della libertà e dell'andare, ma anche il massimo della necessità e del tornare, come il moto ondoso, la risacca e le maree. Il mare eternamente torna, e insieme incessante diviene, muta e persiste, perennemente. Il mare è la gioia bambina che ti sommerge e ti rigenera, onda su onda. È la prima estensione sconfinata dell'*amor mundi* alla nostra portata.

«Nulla nel mondo è solo: tutte le cose con divina legge in un solo spirito s'incontrano e si fondono» scrive Percy Shelley. L'*amor mundi* è amicizia profonda con il mondo, il vivere grato nel grembo dell'universo, percezione di un legame cosmico con tutte le cose viventi, riconoscendo ovunque la stessa energia che chiamiamo amore. L'*amor mundi* è complicità con le stelle, la terra, i viventi, sentirsi parte del tutto. *Amor mundi* è una notte d'estate di luna piena sul mare, seguendo la sua scia di luce sulle acque scure. *Amor mundi* è l'abbraccio blu notte del cielo nell'arazzo immenso dell'universo. *Amor mundi* è l'odore della campagna al primo mattino, il vento tra gli alberi, che filtra insieme ai raggi di sole. *Amor mundi* è la maestà dei monti e la distesa infinita, è tutto ciò che vive e si anima sulla terra e che senti consorte. Non solo in natura, anche nel fervore delle città.

L'*amor mundi* si riassume in ciò che, sulle tracce di Kant, riempie l'animo nostro: il cielo stellato sopra di me e il desiderio d'amore dentro di me. Quel desiderio – de-sidera evoca gli astri – è rivolto alle stelle, confidando che sia corrisposto. In quella reciprocità d'energia, vibra l'*amor mundi*.

Per amare il mondo nella sua pienezza vitale e nella sua armonia, devi considerarlo un organismo vivente, in cui le membra sono collegate, animate e percorse da una stessa energia.

*Amor mundi* evoca l'*anima mundi*. La nostra cultura, non solo religiosa, ci ha abituato a pensare all'anima individuale, all'io profondo. Plotino, invece, riprendendo antiche concezioni del mondo, ritenne l'anima universale. Anzi, l'anima non è interiore, ma i corpi sono dentro l'anima: «Platone ha ragione quando non pone l'anima nel corpo ma il corpo nell'anima», scrive nella quarta *Enneade*. L'anima diventa ciò che contempla, aggiunge. Sulle tracce di Plotino, Marsilio Ficino definì l'*anima mundi* il centro della natura, termine intermedio di ogni cosa, la catena del mondo, il legame e la giuntura dell'universo, il volto di tutto. È l'amore, proseguiva nel *Commento* al *Convito*, che ci spinge a uscire dalle nostre tre case: dell'anima, dello spirito e del corpo. L'amore in Plotino è lo sforzo di ricondurre il divino che è in noi al divino che è nell'universo. Nello stesso, quarto libro delle *Enneadi*, egli vede l'universo come un vivente unitario *necessariamente* in simpatia con se stesso, in accordo di vita e ragione. Visione olistica. Non c'è casualità nella sua vita, ma una sola armonia e un solo ordine. Le stelle danzano nell'universo vivente: in Nietzsche le stelle danzanti nascono dal caos, in Plotino invece da un ordine musicale, numerico. L'universo intero è mosso dall'energia dell'amore, che i poeti chiamano magia. Un pensiero che giunge fino alla psicanalisi, fino a Carl Gustav

Jung e a James Hillman, che all'*Anima mundi* dedicò un intenso saggio.

Stai per lasciare un luogo di raro incanto, in cui il mondo ti appare un dono e un'armonia di presenze. Vorresti portarti con te il bello che ti circonda, la sua luce, per salvarti dal buio e dal nulla. E invece amare non vuol dire prendere ma lasciare quel luogo alla sua bellezza, metterlo in salvo dal tuo tramonto. Lasciare che resti al suo posto, e al posto tuo. È bello sapere che ci sarà quando non ci sarai più, e continuare a vivere nelle cose che hai amato.

## Settimo grado
## AMOR FATI
*Abbracciare il destino, innamorarsi della necessità*

L'*amor fati* ci riappacifica con la vita e con la morte, con il cielo e con la terra, con l'origine e la destinazione, e con noi stessi. Va incontro agli eventi con fiducioso trasporto, superando la visione tragica e catastrofica della vita.

L'amore è una corda tesa tra la scelta e il destino; amare un'idea, una persona, una causa, ai nostri occhi è frutto della libera volontà. L'*amor fati*, invece, accetta l'identità e l'appartenenza che ci sono toccate in sorte, la nostra condizione e le sue imperfezioni, la storia o la tradizione che precede le nostre scelte, e di conseguenza accoglie anche l'esito futuro. Amore del destino, di ciò che ci trascende, su cui nulla può la nostra volontà: non siamo quel che vogliamo, ma vogliamo quel che siamo. L'*amor fati* è libero assenso a un destino, a ciò che ci sovrasta, ci precede e ci succede, inclusa la fine. La libertà di dire sì alla necessità.

*Amor fati* nelle relazioni umane vuol dire amare qualcuno per quel che è, non per quel che fa, che ha, che dice e che pensa, o per quel che diventerà. E amarlo a prescindere perfino da noi. Basta sapere che sia, senza porsi il come: *amor fati* è il primo gradino dell'amore, precede il prendersi cura, accettando ciò che egli è. Anche se sarà necessario educarlo o aiutarlo a crescere e cambiare; riesca o no l'impresa, sarà amato comunque. *Amor fati* è desiderare con tutto il cuore che l'amato sia per sempre, un desiderio d'eterno e di presenza che precede ogni altra cosa, inclusa la relazione tra noi. Un amore che precede l'amore... Per il filosofo francese Gabriel Marcel amare qualcuno significa dirgli: «Tu non puoi morire, o meglio, Tu non morirai...». Ma l'*amor fati* abbraccia un orizzonte più grande dei rapporti umani e dell'arco della loro esistenza.

Nell'epoca nostra l'amore è concepito come rifiuto del destino. Si odia il destino e tutto ciò che è prefissato, sovrastante e inchioda a un'identità, un limite e una sorte. Anzi, si nega che esista. Ami ciò che ti libera dalla schiavitù della sorte. Prevale l'*horror fati*. Il destino fu considerato prima un'insensata superstizione, poi fu elogiato il libero volere umano che si affranca da ogni necessità fatale scritta nei cieli, nella natura, nel dna, fino alla persuasione che siamo quel che vogliamo essere, padroni assoluti della nostra vita, del nostro corpo e della nostra sorte come del nostro amore.

Alla luce di questa idea è inaccettabile, per esempio, che accada una calamità naturale: ogni tragedia è evitabile, è frutto di un incidente, un errore, una colpa, risale a responsabilità umane. Come se non fossimo comunque destinati a morire ma potessimo vivere in eterno, usando solo qualche accortezza tecnica e un comportamento adeguato. Ormai non c'è calamità naturale che non sia collegata a colpevoli o complici, anche solo per incuria: si rifiuta l'idea stessa di evento naturale. Tutto ciò che accade è perché qualcuno ha sbagliato, ha mancato, ha voluto che succedesse. In ogni tragedia si cercano sempre colpevoli, come se l'uomo disponesse davvero del mondo, del tempo e della natura e tutto fosse imputabile o attribuibile a lui o a una sua distrazione. E come se la morte fosse un incidente evitabile, non previsto nei nostri orizzonti. Se fosse possibile si processerebbero anche i terremoti, i vulcani in eruzione, le alluvioni, gli assalti di belve feroci, per incriminare qualcuno di concorso esterno in calamità naturale, se non di strage. Tutto viene ricondotto ad altezza d'uomo, sovrano assoluto. Titanismo, il contrario dell'*amor fati*.

Viviamo una guerra di liberazione permanente e globale dalla natura, dalla storia, dai limiti, dal corpo e da tutto ciò che ci fu assegnato dalla sorte, e dunque non deciso, non voluto da noi. Il destino è il nome della nostra prigione, dunque odiare il destino è amare la nostra libertà e volere la nostra felicità. Ma c'è una strana inversione delle conseguenze: più cresce questo imperativo alla libertà e alla felicità, e più ci sentiamo costretti e infelici. Anche perché la realtà poi contraddice le aspettative e il nostro effettivo potere su di esse. Cresce la frustrazione, poi la depressione, la percezione che la nostra libertà sia soggetta a inconsapevoli automatismi, involontari riflessi condizionati, processi irreversibili e inevitabili, insomma obblighi ben più tirannici di quel che gli dei o il fato ci imponevano. Subiamo la necessità, anziché accoglierla e amarla. Viviamo l'epoca della necessità senza amore, inflitta e afflittiva, del determinismo, del meccanicismo e dell'automatismo, anche se ci illudiamo di essere nel tempo della libertà assoluta, della volontà sovrana, dell'autonomia, della felicità e perfino dell'amore assoluto, libero e incondizionato.

E se cambiassimo verso alla nostra vita, se cambiassimo

senso e direzione alla nostra visione del mondo e al nostro cammino? Se pensassimo davvero che il più grande amore coincide alla fine con la necessità? L'*amor fati* è un amore grande quanto l'universo. A un amore somiglia poco perché è sereno e distaccato, dice di sì alla vita ma non si lascia travolgere dalle turbolenze passionali: il volere combacia con il raggio del destino. È lucido e in apparenza disincantato, umile e dimesso, l'*amor fati*, e si rimette alla sorte con affabile grazia. L'amore che accoglie il destino accetta la sorte e ama la necessità, il non poter accadere diversamente. *Amor fati* è l'amore necessario per eccellenza; è la scoperta di un più grande destino, oltre la nostra libertà e la nostra volontà. Un disegno che ci precede, ci segue, ci sovrasta, e ci conforta perché quel che viviamo, facciamo, siamo non è gratuito, arbitrario e reversibile, ma lascia segni, s'incarna in una sorte, si inscrive in un disegno più grande. Non siamo attori di una commedia, recitata a soggetto, una finzione che dura il tempo breve dello spettacolo, ma siamo latori di un destino. O quantomeno, è saggio concludere, con la salomonica saggezza di Machiavelli, che la sorte dipende per metà da noi, per metà dalla fortuna.

C'è qualcosa di peggio di un triste destino: non avere un destino.

Dicendo *amor fati*, sovvengono quattro diverse figurazioni di pensiero. La prima è quella classica: gli stoici, che per primi teorizzarono e praticarono l'accettazione virile del destino e ne trassero una visione della vita e del mondo. *Ducunt fata volentem, nolentem trahunt*: se non ti lasci condurre dal fato, sarai trascinato. Se la vita è milizia, pensano gli stoici, si deve ubbidire ai suoi comandi e accettare i suoi responsi.

Poi la concezione eroica, espressa da Nietzsche, che cantò la volontà di potenza e il superuomo e proclamò la pienezza gioiosa di dir di sì alla vita, di accettarne il corso e il declino, e chiamò quell'euforia *amor fati*. Scrive in *Ecce Homo*: «La mia formula per la grandezza dell'uomo è *amor fati*: non volere nulla di diverso, né dietro né davanti a sé, per tutta l'eternità. Non solo sopportare, e tanto meno dissimulare, il necessario – tutto l'idealismo è una menzogna davanti al necessario – ma amarlo». «*Amor fati*, sia questo d'ora innanzi il mio amore», scrive Nietzsche nella *Gaia scienza*. Cercare «la felicità nel destino», amare il destino lasciando che venga a noi «innocente come un bambino», insegna Zarathustra in un celebre passo.

Di quelle due forme d'*amor fati* tentò una sintesi epica Oswald Spengler, che riprese la maestà del destino degli antichi, la ripensò sulla scia del pensiero nietzschiano e l'applicò alla storia. Essere all'altezza del proprio destino, non sottrarsi anche di fronte a una prospettiva tragica.

Infine c'è un *amor fati* che si sposa alla trascendenza, si abbandona con umiltà alla grazia e alla luce: Simone Weil fa coincidere l'*amor fati* con l'amor di Dio. Nella poesia *Necessità* scrive: «Noi vogliamo obbedirvi fino alla morte» e nella *Rivelazione greca* nota che «Fatum e logos sono affini semanticamente. Il fatum è la necessità, e la necessità è il logos, e logos è anche l'oggetto del nostro amore più ardente». E ancora: «Accettare l'esistenza di tutto ciò che esiste, incluso il male, fatta eccezione unicamente per la porzione di male che abbiamo la possibilità e l'obbligo d'impedire». La difficoltà è nello stabilire dove finisce la porzione di male che dobbiamo e possiamo impedire e dove invece rimetterci al fato. Per Simone, Cristo eredita il pensiero stoico e platonico. La libertà coincide con la necessità dell'ubbidire a Dio, altrimenti è menzogna. La necessità, se la vediamo dal basso del nostro io, e dall'interno, è schiavitù, ma vista dall'alto, dalla parte di Dio, è *amor fati*, amore necessario. Anche Etty Hillesum, ebrea come Simone, innamorata del destino e pervasa dallo spirito cristiano, professava *amor fati* e accoglieva il suo destino: la vita non può «farmi del male perché tutte le cose pesanti e difficili che verranno sono già state accettate in precedenza». Ebbe tragica sorte.

Nietzsche proclamò l'*amor fati* e il suo contrario, la volontà di potenza. E insieme donò l'avvenire all'avvento del superuomo e all'eterno ritorno, destini antitetici. La forza d'amare stride già con la volontà di dominio. Ma ancor più, l'*amor fati* accetta il mondo, mentre la volontà di potenza è desiderio di mutarlo, di piegarlo al nostro volere.

La volontà di potenza, assoluta e scatenata, è la malattia originaria dell'Occidente secolare e moderno. Impensabile sradicarla, fa parte di noi; va governata, le va dato un senso e una misura, e vanno delimitati gli ambiti in cui si esprime. Se la vita soggiace alla tracotanza della volontà di potenza, è destinata a perdere, e dunque a farsi tragica.

Lo sguardo che ha perso il fato perde anche il confine. Lo sconfinamento è spaziale ma anche temporale. Lo sconfinamento geografico si chiama globalizzazione, perdita delle frontiere, espansione planetaria della tecnica, del mercato e delle genti. Lo sconfinamento temporale si fa presente assoluto che cancella il passato e il futuro e li riduce all'oggi. Così il presente sconfina nell'avvenire, che diviene sua dilatazione o metastasi, e nel passato, che si riduce a larva o preannuncio dell'oggi. Lo sconfinamento si fa omologazione nello spazio e conformità nel tempo: da un verso i popoli e i luoghi tendono a uniformarsi, dall'altro verso le età e i giorni tendono a confondersi, perdendo lo scarto tra vecchi e giovani, tra giorni di festa e giorni di lavoro. Il sogno è vivere in stato permanente di gioventù, in una festa continua, e in una megalopoli che coincide con il mondo. Lo sconfinamento nasce come promessa di libertà, ma conduce alla perdita della differenza, che è poi l'essenza della libertà. Lo sconfinamento confonde il cielo e la terra. L'infinito si addice al cielo, alla terra si addice il confine. *Amor fati* è amore del confine, ne accetta i limiti.

A differenza del fatalismo, l'*amor fati* non si occupa di ciò che accade in cielo, ma dispone ad amare e accogliere il destino in terra. Dei disegni nell'alto dei cieli non possiamo sapere, invece l'*amor fati* dice sì al corso delle cose. Il fatalista soccombe rassegnato e impotente al fato, l'*amor fati* è assenso al destino. Se il responso è incerto, lo interpreta, intraprende una via scommettendo che sia quella giusta del destino. Lo riconosce necessario e ineludibile solo dopo che è accaduto; mentre accade tocca a lui prendere decisioni, osare e interpretare la sorte, dirigersi dove la sua mente e la sua volontà gli dicono di andare, rischiando di fraintendere il suo destino. Nell'incertezza vige la nostra libertà di scelta; la certezza verrà dopo, quando il destino si è compiuto. Il fatalismo, invece, non sceglie, non rischia, non si sporge; s'arrende a priori e si consegna inerte all'accadere. Non c'è amore ma passività, abdicazione per quieto vivere.

*Amor fati* è un ossimoro. Perché l'amore è inquietudine, ricerca dell'altro, tensione inesausta a completarsi e raggiungere una perfezione mai interamente e definitivamente posseduta. Il fato, al contrario, è il fatto, ciò che fu stabilito.

L'amore è eccedenza e carenza di sé che si slancia per colmarsi e per riversarsi. Nel compenetrarsi di amore e fato, nel loro punto di intersezione, cessa sia l'inquietudine che la rassegnazione, in una delicata armonia dei contrari. L'inquietudine non è più cieca irrequietezza, il destino non è più cieco fatalismo: *amor fati* restituisce la vista a entrambi. *Amor fati* è la serenità degli inquieti, lungimiranza di non vedenti.

L'amore è un conato interiore, cosciente della necessità, mentre l'impulso è un moto istintivo, meccanico, indotto dall'esterno. Per Vico il bruto non si muove per forza interna ma è mosso dall'esterno, in balia delle cose, per un meccanismo, non per una sua decisione. I bruti sono come automi, macchine, mentre gli uomini «possiedono un principio interno del moto, ossia l'animo è libero di muoversi». L'inquieto è animato, il bruto è mosso. A differenza del moto fisico e meccanico, il moto metafisico, indotto dall'anima, è indicato da Vico come *conatus*. Il conato è «la virtù del moto», e caratterizza l'uomo. La quiete è attributo di Dio, primo motore immobile, secondo Aristotele. Il moto è un modo della sostanza corporea; all'uomo, che non è dio né bestia, si addice il conato, termine medio, nostalgia di perfezione.

L'*amor fati* di Simone Weil è sottratto alla volontà di potenza, non è supplenza di Dio ma attesa di Dio. Le basi del suo *amor fati* sono nella visione greca: accetta l'ordine dell'universo, connesso e armonioso, accetta senza riserve la condizione umana, i suoi limiti e le sue sofferenze e ferite. «Il mondo è bello solo per chi prova l'*amor fati*», che è «una prova sperimentale della realtà di Dio» (*Quaderni*, IV).

L'*amor fati* è la virtù dell'obbedienza, la virtù cristiana per eccellenza (*La Grecia e le intuizioni precristiane*). L'*amor fati* di Simone è la rinuncia a pensare in prima persona: «Siamo divenuti figli della casa e amiamo la docilità di questa necessità schiava che avevamo preso dapprima per un padrone». La necessità media tra la materia e Dio; è obbedienza della materia a Dio. Weil scrive: «Il tempo ci conduce – sempre – dove non vogliamo andare. Amare il tempo». L'itinerario della corsa non lo decide il conducente né i suoi passeggeri. Il destino si serve del tempo, è il suo chauffeur. Amare il tempo che conduce là dove aspetta il fato.

L'*amor fati* non santifica il dominio e lo status quo perché può essere fatale anche ciò che lo capovolge. Fatale può essere un potere quanto la sua destituzione. Fatale può essere l'ubbidienza quanto la ribellione. Libertà è sposare una versione, rispettando comunque il verdetto. *Amor fati* è amore della realtà, non dell'inerzia. Fatale è il diritto, ma può essere il rovescio.

Chi ama la vita, anche se non è del tutto ricambiato, resiste alle intemperie della sorte in nome dell'*amor fati*: non me ne andrò via di mia volontà, aspetterò il mio turno, mi verranno a prelevare le fate del destino, e con materna cura, lo spero, mi affideranno al cielo. Non decisi io di nascere, non deciderò io di morire. L'*amor fati* confida nell'affabile accoglienza della sorte.

Amare gli umani è troppo poco, incluso se stessi. L'amore ha senso se rimanda a un destino, va oltre l'io e il tu. Si possono amare gli uomini nella loro irripetibile singolarità, percepiti come riflessi del destino. Si possono amare gli uomini nella loro universalità, attraverso l'infinita pietà di sentirsi legati al comune destino di mortali. *Amor fati* è abbracciare il mondo nel punto in cui il divenire incrocia l'Essere e il particolare confluisce nell'universale.

È grandioso e fruttuoso in amore ciò che si lega al destino. Il lato solenne e misterioso dell'amore alla fine resta il miracolo della procreazione, dare alla luce nuove vite, «nuovi destini». L'amore rincasa nella natura e la famiglia è come una sorte maggiore che abbraccia e comprende i singoli. Quel che sembra svilire l'amore perché esclude la volontà del soggetto e «abbassa» l'unione all'accoppiamento biologico, in realtà lo innalza oltre l'umano, come evento del destino che dà vita a nuovi cammini. Le più alte poesie e profezie non nascono dall'autore ma provengono ispirate dall'Altrove. Il poeta, il profeta, è solo il medium, non l'artefice, l'autore. Grandeggia l'amore quando non è circoscritto al desiderio di due amanti ma li trascende. Vi sono tuttavia amori fecondi anche senza fertilità: così volle il destino, non facendo venir meno l'amore.

Il più doloroso tradimento che si possa subire non dipende da chi ci abbandona: è la morte imprevista, prematura, di chi amiamo.

*Amor fati* senile. Accade nella vecchiaia più estrema, sfiorata dalla demenza senile, che il volto perda i tratti distintivi della persona. Si finisce con l'assomigliare ai propri anni più che alla propria identità, si corrompe la fisionomia nella caricatura della vecchiaia, s'indossa quasi la maschera di ogni vecchiaia, e si finisce con il somigliare agli altri vecchi più che ai propri familiari. Si entra nell'indistinta decrepitezza dei vecchi, la fossa comune dei volti, dove perdono lucidità e identità i disfatti morituri. E ciascuno si attacca a uno sguardo o solo a una smorfia per ritrovare la traccia estrema di un'identità e di un destino.

Insorgono nei vecchi patetici tentativi di ribellione al destino. Il più banale è travestirsi da giovani. Di solito si comincia con il lamentarsi della vecchiaia che è essa stessa una malattia (*senectus ipsa est morbus* per Terenzio). In quel modo i vecchi non solo cercano attenzione e compatimento, ma vogliono soprattutto far credere, innanzitutto a se stessi, che la vecchiaia sia un accidente loro capitato, un corpo estraneo cadutogli addosso. Non siamo così, il demone senile si è impossessato e sta abusando di noi. In realtà la vecchiaia non è un insediamento abusivo, un alieno che occupa il nostro corpo e pure la nostra mente: siamo sempre noi, come noi eravamo da bambini o da giovani. La nostra identità muta, è malleabile al corso degli anni. Non possiamo chiamarci fuori, noi siamo anche quello che siamo diventati: vecchi. *Amor fati* vuol dire amare anche la propria senilità, considerarla parte di noi, come la gioventù. *Amor fati* non è solo accettare quel che accade nella vita e quel che noi siamo. Ma anche quel che verrà dopo, quando non ci saremo più. Chiudere gli occhi e abbandonarsi con fiducia a quel che verrà dopo. Accettare fin oltre la vita, danzare in onore del dio ignoto sul filo del congedo. E disporsi a tramontare.

Le persone non sanno, dice Jung, cosa rischiano a non accettare quel che la vita assegna loro, quel che essa pone loro come compito. Chi non accetta il proprio destino, lo patisce, vive con sofferenza. Senza *amor fati*, respingendo la propria reale identità, ci si ammala di nevrosi.

Cambiando destino alla medicina e all'umanità, anche gli uomini potranno partorire. L'annuncio, trionfale o terribile, è giunto da un chirurgo serbo, Miroslav Đorđević: coloro che nacquero uomini, se lo vorranno, potranno partorire, dopo aver cambiato sesso. «La mia sfida più grande è arrivare al punto in cui un paziente uomo diventato donna sarà in grado di concepire e partorire un bambino, dopo l'impianto di utero e ovaie. Vogliamo essere noi i primi al mondo». E annunciava un database mondiale per censire coloro che vogliono cambiare sesso. Il chirurgo di Belgrado trapianta gli organi riproduttivi di donne che vogliono diventare uomini in uomini che vogliono diventare donne e così metterli in condizione di partorire. Si reputa un missionario del sesso in transito e della miracolosa gravidanza degli ex maschi. Dal glande ricava il clitoride, dallo scroto trae le labbra della vulva. Niente si butta, riconversione integrale. Un clitoride non solo apparente ma attivo, sensibile. Il trapianto di genitali diventerà routine, prevede, come il trapianto della mano o della gamba. Il chirurgo taumaturgo dà alla sua attività una motivazione etica, si propone come testimonial dei diritti umani: «Non si possono fermare i diritti», proclama, «né Chiese né governi possono fermare una pulsione naturale». La natura, da quel che sappiamo, precede l'uomo, è ciò che riceviamo in dote, in partenza. E bisogna saper distinguere tra diritti e pretese, tra diritti e desideri infiniti. Quel che l'uomo produce è frutto della sua volontà e della sua mente applicata, non è natura. *Amor feti* come frutto della volontà di potenza.

Ripensiamo alla natura geneticamente modificata, al destino, ai limiti umani e all'Essere in tutte le sue forme. Vediamo un mondo crollare, il mondo delle origini, delle identità e delle differenze naturali, quello in cui da sempre viviamo. Sta nascendo un nuovo essere vivente, che non riusciamo a chiamare umano e nemmeno postumano. Non è nuovo umanesimo, semmai è transumanesimo e tende progressivamente a cancellare tutto quel che l'uomo ha vissuto, pensato, creduto, non da ieri ma da sempre. Non c'è nessuna identità, nessuna eredità, siamo ciò che vogliamo essere, possiamo autocrearci e automodificarci, in base ai nostri desideri, con l'aiuto della chirurgia. Non abbiamo sconfitto la morte, e nemmeno il dolore, la vecchiaia, la malattia, ma vogliamo aggirare i nostri limiti e rigettare quel che ci è dato in natura, in eredità, nel patrimonio genetico.

Che genere di vita, di legami, di società, di paternità e maternità avremo su queste basi? Certo, si tratta di eccezioni, la statistica riguarda una sparuta minoranza dell'umanità. La stragrande maggioranza degli otto miliardi di umani che popolano il mondo non si pone nemmeno questo problema, vive secondo natura. È già tanto riuscire a sfamarsi e sfamare i propri vecchi e bambini, rimediare un posto per dormire, coprirsi dal freddo, ripararsi e vestirsi. Figuriamoci se nelle aree povere del pianeta c'è il problema di cambiar sesso o di dare la maternità ai maschi. Qualcuno che si ostina a vedere il mezzo bicchiere pieno, anche se è appena un dito, dirà: meglio così che l'utero in affitto, l'indecente compravendita del sesso, il vergognoso sfruttamento dei poveri da parte dei ricchi che vogliono avere un figlio anche se non possono averlo, o sono coppie omosessuali. Resta lo sconcerto ma poi ci si consola con l'esperienza del mondo: quante stravaganze, quante mostruosità, annunciate come l'avvenire, sono poi rimaste sulla carta o si sono dissolte, sopraffatte da mille controindicazioni e altre priorità e urgenze. Il tempo, alle volte, è medico più sapiente degli uomini; cancella le follie, i deliri di onnipotenza, le pretese di farsi dei o mutanti. Il problema di fondo è che nella vita ci sono cose che possiamo cambiare e che possiamo fare, ma ci sono limiti, naturali e forse soprannaturali, che non possiamo varcare o volatilizzare. È già tanto restare umani... vogliamo sottrarci alla condizione umana, alla mortalità, alla realtà, al nostro essere e ai suoi limiti? È in gioco una visione del mondo: *horror fati contra amor fati*. L'orrore del destino genera orrori, l'amore del fato genera amori. Ciascuno genera quel che è.

Come l'amore anche la morte è necessaria, nel senso di inevitabile, anzi, ineluttabile. La morte è necessaria nel suo accadere ma anche nel pensarla, quando si fanno i conti con la «necessaria» fine della vita. È agli antipodi dell'amore perché l'amore sta all'inizio, è l'inizio, ogni inizio. La morte, invece, sta alla fine, è la fine, la fine di ogni cosa. La fonte sorgiva e la foce terminale.

Il pensiero dell'amore e della morte sono speculari e opposti. E non solo per la suggestiva leggenda dell'amore come *a-mors*, con l'alfa privativo che segna la negazione o la sospensione della morte. L'amore sta alla morte come il fiorire all'appassire, il nascere al morire, l'unire al lasciare. Se incontri davvero l'amore, nasce necessariamente qualcosa, l'amore è sempre fecondità, fertilità, inseminazione. Se incontri la morte finisce la vita: non hai scampo, è un capolinea, il termine. L'amore è nascimento, origine dell'amore è nel sorgere, nascere alla vita, animarsi nell'unione di anima e corpo. La morte è congedo, destinazione finale, separazione definitiva dell'anima dal corpo (o dell'energia vitale).

Il disamore è l'antefatto del morire, un morire già in vita, un distacco, una separazione e una perdita di anima e movente. La nostra società del disamore è una società che vive nel *cupio dissolvi*, vive nel distacco, che chiama di volta in volta emancipazione, sradicamento, liberazione, disincanto.

L'amore è il suo contrario, un congiungersi, un abbracciarsi, un reincantarsi. Quando l'amore diventa impossibile, può diventare causa di morte. È il morir d'amore, il caso limite in cui si congiungono gli opposti. Perché d'amore si può morire e non solo nel senso romantico e letterario, o con la stessa vita che si fa romanzo e tragedia d'amore quando patisce la sua irrealizzabilità. L'amore che fa morire può essere anche l'amore versato in altri ambiti, mosso da altre motivazioni che vanno al di là dell'amore tra due persone, dell'amor cortese e della passione amorosa.

Il morir d'amore accade quando il distacco non è conseguenza del morire, ma quando il morire è conseguenza del distacco; di solito la morte sancisce il distacco dell'anima dal corpo, della persona dalla vita, del morente dai suoi cari. Il morir d'amore inverte la sequenza, è il distacco a cagionare la morte: la sofferenza di separarsi dall'amore diventa insopportabile al punto di morire, lasciarsi morire, o non reggere alla sua mancanza.

Il lutto è cicatrice d'amore, testimonianza di una mutilazione patita e di un cordone ombelicale inverso: come il cordone ombelicale lega il nascituro a sua madre, e la recisione segna il suo sorgere alla vita, così il lutto lega il morto ai suoi cari e figura il ripristino di quel legame dentro di sé. Ogni defunto che ci appartiene nel profondo del cuore torna a vivere dentro di noi come una gravidanza d'amore per tutta la vita: lo portiamo dentro, lo facciamo nostro, continua a vivere tramite il nostro amore.

La paura di morire si fonde con il principio dell'avarizia, dice Georges Bataille nel *Limite dell'utile*; «la miseria dell'uomo è voler sfuggire al destino». L'amore è incompatibile con l'avarizia, o l'inverso. L'avarizia trattiene e accumula, l'amore trabocca e sparge. L'amore offre, non risparmia, non mette da parte, in salvo, mentre noi andiamo alla deriva.

L'amore è necessario, come la morte è inevitabile. L'amore genera, muove, anima, sorregge, collega la vita. Necessario benché inutile. Quel che non è utile può essere dannoso, superfluo o necessario. L'amore è tutte queste cose, ma sopra tutte è necessario. Ciò non toglie che possa essere inutile e gratuito; l'utile non attiene all'amore, almeno il vero amore.

Amore e Morte, l'antica antitesi; l'amore sospende la morte. Non la cancella ma la disarma, le toglie lo scettro. Un incantesimo scaccia l'altro. Oppone magia a magia, alchimia ad alchimia. E tuttavia la morte resta inevitabile; avremo mai la sorpresa di non morire?

Dice John Maynard Keynes: «L'inevitabile non accade mai, l'inatteso sempre». Promessa radiosa, ma prova a dirlo alla morte.

Cosa salvare delle idee e degli ideali, delle religioni e dei culti, dei miti e delle storie, delle imprese e della vita? Il trasporto, le energie che furono dedicate a generare, unire, preservare, suscitare; in una parola: l'amore. Dopo il tramonto di tutto questo, quando si spegne l'ardore, resta l'amore che fu profuso. E non finisce.

A lungo la civiltà ha retto sul tabù dell'amore e sul culto dei morti. Soprattutto l'accoppiamento erotico, l'atto sessuale era coperto da un velo di pudore e d'impenetrabilità domestica, restava intimo, notturno, occulto e privato, la sua ostentazione era considerata atto osceno in luogo pubblico, oltraggio al pudore.

Invece la morte, i funerali, il lutto, il ricordo dei defunti erano passaggi corali, riti comunitari, eventi pubblici sin dagli etruschi e dagli egizi. Vi era perfino teatralità del dolore, al Sud in particolare, e non mancavano mediatori del dolore condiviso (preti, sciamani, parentado, vicinato, prefiche, perfino orfanelli che pregano per il defunto e lo accompagnano alla sepoltura). Ora invece la morte è la nuova oscenità da nascondere al pubblico, con pudore, come un tabù, al posto del sesso. Si rovesciano i ruoli: la morte viene cancellata e rimossa, regredisce a scomparsa, fatto privato, osceno, da occultare o dissimulare, come una fiction festosa. Non sta bene parlarne, il lutto va rimosso in fretta, la morte è tabù. Il sesso, invece, cessa di essere tabù, diventa atto pubblico, esibizione e *coming out*, dichiarazione dei propri orientamenti sessuali, orgoglio manifesto delle proprie inclinazioni. Eros e Thanatos si sono invertiti i ruoli nella società secolarizzata. Il primo esibito, il secondo inibito.

Se la pratica o l'inclinazione sessuale perde ogni tabù e diventa pubblica, subentra invece il pudore sui sentimenti amorosi. Puoi raccontare come fai l'amore, con chi, ma è tabù raccontare gli affetti familiari, le tenerezze, i legami d'amore tra una madre e un figlio, tra un padre e una figlia, tra un nonno e un nipote.

Dall'altra parte, la morte rimossa dal mondo, dalla vita pubblica, non viene dimenticata e cancellata, ma torna in forma di angoscia, depressione, psicosi. Il lutto rimosso dai vestiti si insinua nelle teste e nei cuori e non ci sono riti, liturgie ed esorcismi in grado di addomesticarlo, ammansirlo e metabolizzarlo.

Con l'*amor fati* cresce un serafico disporsi all'avvenire; già solo a pronunciarlo, come una formula magica, scende la serenità nell'animo, come se ci affidassimo alle cure delle fate. Le parole a volte colgono assonanze che sfuggono al pensiero. Pura si raccoglie la mente al limitare estremo della sera, si perdono allo sguardo le catastrofi, alle tragedie si toglie il sonoro. Scende l'*amor fati* a rasserenare le menti e confortare i cuori, «in quel paese che ti somiglia tanto»; «In una calda luce s'addormenta il mondo», canta Baudelaire, «Laggiù tutto è ordine e bellezza, lusso, calma e voluttà».

*Amor fati*, un mito. Non sarà verità, ma nemmeno è illusione.

## Ottavo grado
## AMOR DI DIO
*Nostalgia dell'Uno, apice, principio e intelligenza di Tutto*

L'amor di Dio è l'apice di ogni amore, la fonte e la foce; ogni altro amore discende dall'amor di Dio e ad esso infine ritorna: è dentro quell'amore, come il molteplice nell'Uno. Ogni amore è una copia, un'ombra, un presagio e un frammento dell'amor di Dio, di cui è nostalgia, a cui aspira a ricongiungersi, in cui mette in salvo ogni altro amore destinato a perire.

L'amor di Dio è l'amore assoluto del Principio alle origini dell'universo e del suo ordine. Anche nella mente di chi non crede in Dio è inestirpabile l'idea di un amore assoluto a cui commisurare ogni altro amore. Gli amori umani sono inquieti e inquietano perché sono tra mortali e si svolgono nel tempo: l'unico amore che può dare pace è quello rivolto all'eterno. L'amor di Dio abbraccia tutto l'universo dal suo principio, nel punto più alto, infinito ed eterno. Disputeranno poi i teologi e i filosofi se quell'apice supremo sia immanente o trascendente rispetto all'universo, se l'Uno coincide con il Tutto (panteismo) oppure è Oltre.

Ma tu che sai di Dio? Nulla, infatti il tema qui affrontato

è l'amor di Dio e riguarda gli uomini, non la teologia. È «la mente innamorata» (Dante, *Paradiso*, XXVII) che discorre di Dio e a Lui s'ispira.

L'epoca del disamore è l'epoca del disdio, il Dio disdetto, ancor prima che negato e confutato. La nostra età del disamore coincide con il tramonto del cristianesimo, che è la religione dell'amore. L'amor di Dio scompare perché tramonta il cristianesimo o viceversa. Senza fede non c'è amore, senza amore non c'è fede. Per amare devi nutrire una fede, per avere una fede devi amare. L'amor di Dio risale al cristianesimo come a nessun'altra religione. Nell'amor di Dio è compreso l'amore per l'uomo, per l'umanità, per il creato. Non è *amor fati*, non è *amor mundi*, non è amore come energia universale che muove il mondo. Per sant'Agostino l'amore di Dio è incompatibile con l'amore del mondo: «Se abita in noi l'amore del mondo, non è possibile che entri l'amore di Dio», scrive nel commento alla prima lettera di Giovanni. Ma Agostino non critica l'*amor mundi*, piuttosto la mondanità, ovvero il prevalere degli amori terreni e temporali sull'amore per l'eterno. La visione cristiana di san Francesco estese l'amore a tutto il creato e a tutte le creature. In altre teodicee cristiane l'amor di Dio si rispecchiava nell'ordine dell'universo e nella gerarchia degli esseri e dei beni. Ma l'amore che predicò Gesù Cristo, l'amore che insegnò san Paolo e poi sant'Agostino, l'amore nei secoli cristiani, sorge tra l'io e Dio, tra la persona, la sua anima singola e immortale, e il Signore. Colloquio infinito tra io e Tu, e tra noi e Lui, tra l'uomo e Dio, di cui l'universo è sfondo. L'amore è il ponte che discende da Dio direttamente all'uomo tramite la creazione e la grazia, e risale dall'uomo a Dio tramite la devozione e le opere. Vi fu chi incentrò la fede sulla grazia divina e chi la incentrò sulle opere, e dunque sulla libertà e sulla volontà umana.

L'umanizzazione del divino si è poi intrecciata alla divinizzazione dell'umanità. L'amor di Dio si converte con il cristianesimo postconciliare nell'amore per l'umanità, la religione si traduce (o si riduce) in filantropia, altruismo, carità, accoglienza, prendersi cura di chi soffre e di chi ha più bisogno. Ama Cristo in ogni uomo, anzi, il vero modo di amare Gesù è amare l'uomo, a partire dal più povero, dal più sofferente. Nell'età del disamore il cristianesimo si fa soccorso umanitario, a partire dagli ultimi.

Nell'età del disamore si fronteggiano così l'amore per l'io e l'amore per l'umanità; entrambi sorgono dal distacco da Dio e dal volgersi al mondo. Si eclissa l'amor di Dio, sostituito da amori umani e terreni. «Sono nato in un'epoca in cui la maggior parte dei giovani aveva perduto la fede in Dio, per la stessa ragione per la quale i loro padri l'avevano avuta – senza sapere perché»... È Bernardo Soares che parla, alias Fernando Pessoa.

Il Dio amato o negato è in realtà l'immagine sua tramandata nella nostra epoca: non è Dio a morire ma la sua rappresentazione storica. Dio è morto altre volte ed è rinato altrettante volte perché ogni epoca e civiltà elegge un Dio comprensibile al suo linguaggio, alla sua sensibilità, alla sua percezione. A morire è il Dio storico, non l'Intelligenza divina. Dio è il nome della nostra carenza, è quel che non siamo; ma è anche il tutto di cui siamo parte, o la sua fonte. Il tutto non è la somma delle sue singole parti, è qualcosa di più che trascende le parti. Senza Dio sono sorti tanti piccoli dei e idoli. Ognuno si fabbrica il suo dio su misura per il suo tempo e la sua statura. Un dio privato, personalizzato, ad hoc. «Gli dei non sono morti: è morta la nostra facoltà di vederli» (Pessoa). Non se ne sono andati, traslocammo noi in un cieco seminterrato. «È un Dio che fa morire un Dio» (Eschilo, *Prometeo*). L'umanità ha commesso un deicidio apparente, perché il suo è piuttosto un peccato di orgoglio: pensare di aver ucciso Dio è un'estrema presunzione. Un dio muore solo a causa di un dio, l'uomo non è in grado di sopprimerlo. Chi è il dio cannibale, deicida, che ha divorato il suo predecessore? Alla fine torna sempre il tema della Sostituzione.

«L'amore è la nostra parola più alta, il sinonimo di Dio… l'innamorato passa ad amare da una persona tutte le persone, così da deificazione della persona amata l'amore si fa impersonale» (Ralph Waldo Emerson, *Natura e altri saggi*).

Nell'amor di Dio salviamo l'Essere dal nulla, la vita dal suo disfarsi, la luce dal buio, la vita dalla morte. Nell'amor di Dio c'è la nostra infanzia con le sue preghiere e fioretti, ci sono le nostre madri e le nostre famiglie devote, c'è la tradizione *in saecula saeculorum* da cui discendiamo e in cui abbiamo mosso i primi passi. Nell'amor di Dio c'è l'amore per tutti gli altri suoi figli, nostri fratelli e consorti, che si fa pietà, cura e carità. Nell'amor di Dio c'è l'angelo custode, ci sono i martiri e i santi, i pensieri e i racconti che ha ispirato, i sacrifici che ha suscitato, le speranze che ha nutrito, le disperazioni che ha lenito, le vite e i morti che ha benedetto, i peccati che ha condannato, la giustizia che ha invocato, gli amori e gli affetti che ha consacrato. Nell'amor di Dio c'è la luce del mattino, la bellezza del creato, l'armonia del mondo che si rinnova nelle stagioni, la maestà del cielo e la fecondità della terra, la poesia del mare, cantata dal sole e dalle stelle. Nell'amor di Dio c'è la vita che continua e si trasmette, e non cessa con la morte mia, ma ci trascende. Nell'amor di Dio c'è l'attesa umana del paradiso e la paura dell'inferno, la speranza della ricompensa e il timore della punizione, la necessità del bene e la maledizione del male. Nell'amor di Dio non difendiamo Dio, che non ne ha necessità, né portiamo prove teologiche a suo favore, ma gli uomini che Lo hanno amato e a Lui si sono affidati.

L'amor di Dio confida nella reciprocità, l'amore di Dio verso il mondo e le creature. Dell'amor divino non sappiamo, di certo l'amor di Dio è l'amore dell'uomo verso il cielo. In Dio amiamo l'essere, ogni essere vivente.

Al vertice c'è l'*amor intellectualis dei*, insondabile principio generatore dell'universo. Per Spinoza l'amore è la facoltà inalienabile di costruire relazioni: necessaria, inestirpabile. L'amore non è un fine astratto e non s'identifica con un oggetto a cui tendere: è *conatus*, cioè sforzo, tendenza, come per Vico. Spinoza: «Lo sforzo con cui ogni cosa cerca (*conatur*) di perseverare nel suo essere»; la tensione è lo spasmo per liberarsi. Ma è pure lo sforzo per continuare a esistere.

Nell'*Etica* Spinoza definisce l'amore «gioia concomitante con l'idea di una causa esterna», come l'odio è «tristezza concomitante con l'idea di una causa esterna». L'amore e l'odio hanno per Spinoza in comune una causa esterna e l'idea che ne abbiamo. L'amore e l'odio sono, per la maggior parte delle persone e dei casi, passioni e sentimenti non definiti, dei quali ignoriamo l'origine, fenomeni che possono causare altri fenomeni ma che ci appaiono senza causa. Dunque, passioni come l'amore e l'odio ci appaiono come misteri. L'amore si spiega attraverso l'amore, come causa di sé. Ma se l'amore fosse causato da se stesso, nota il filosofo, ci troveremmo davanti a un amore eterno. E l'amore trova elementi di eternità nel travaglio pur instabile e mutevole della temporalità. L'amore è una passione e l'amante è il suo schiavo, tanto è vero che può trasformarsi in odio, anche al di là delle proprie intenzioni. L'amore in Spinoza ha un livello superiore alla passione, quando è concepito come affetto: questo è propriamente l'amore per Dio che Spinoza discute nella quinta parte dell'*Etica*, dove pure si addentra a descrivere l'amore dell'amore. L'amore per Dio, a differenza delle altre forme di amore, non può tramutarsi in odio. L'amore per Dio è eterno, mentre le passioni soggiacciono al tempo. Non è possibile odiare Dio, e nemmeno volersene separare. Ma non è possibile che Dio svanisca in noi?

Il Dio cosmico di Spinoza è nell'armonia di tutto ciò che esiste, ma è inconcepibile nel suo pensiero un Dio che si incarni nell'uomo o che si occupi del destino e delle azioni umane, come il Dio cristiano. Dio, per Spinoza, non ama e non odia nessuno, in particolare, e non si cura di loro. Tesi rigorosa sul piano della ragione rivolta alla verità, ma, sul piano umano, la tradizione, la storia, la prudenza e la pietà, quel Dio che si fa uomo e scende dal cielo, inducono a pensare che in nome di Dio si muovano nel mondo, nel tempo, tra gli uomini, energie benefiche e benedette: la Provvidenza in primo luogo, e il soccorso, la carità, la santità, la dedizione, la devozione, la preghiera, l'aspettativa della grazia e del miracolo. Fa bene pensare alla Provvidenza, cioè al fattivo amor di Dio per le creature.

Einstein diceva di credere «nel Dio di Spinoza, che si rivela nell'armonia di tutte le cose, non in un Dio che si interessa del destino e delle azioni umane». La natura degli dei è incurante degli uomini, pensava già Lucrezio. Ma lo stesso Spinoza, dopo aver detto che Dio non ama e non odia nessuno, afferma che «Dio, in quanto ama se stesso, ama gli uomini», e di conseguenza «l'amore di Dio verso gli uomini e l'amore intellettuale della mente verso Dio sono una sola e medesima cosa». Là è la nostra salvezza. In che senso Dio «ama» gli uomini senza curarsene, forse per pura emanazione e sovrabbondanza, come l'Uno in Plotino? O l'idea spinoziana che Dio ami gli uomini è solo una concessione allo spirito del tempo e al potere religioso allora vigente? In realtà, l'amore in sé indica un trasporto, una cura, un'attenzione. E non è ben chiaro il rapporto tra amor di Dio e necessità. Resta il mistero di un amor di Dio che coincide in ambo i sensi, sia che salga dall'uomo verso Dio, sia che scenda da Dio verso l'uomo: la mente è la stessa e Dio ama gli uomini amando se stesso, e, viceversa, gli uomini amano Dio. Ma quel Dio non è persona, è Sostanza.

Dio ha creato l'uomo con due amori, osserva Pascal: uno per Dio, l'altro per se stesso, ma l'amore di Dio è infinito, cioè senza altro limite che Dio stesso, e l'amore di se stesso che invece è limitato, ed è comunque rivolto a Dio. L'uomo, nella condizione originaria, si amava senza peccato. Poi è venuto il peccato, l'uomo perdette il primo di questi due amori e rimase solo l'amore di sé in un'anima capace di amore infinito. L'amor proprio si è esteso e diffuso nel vuoto che l'amore di Dio ha lasciato e così l'uomo ha amato solo se stesso e tutte le cose per se stesso, infinitamente. Da qui origina l'amor proprio, naturale in Adamo e giusto nella sua innocenza, ma diventato colpevole e smodato in seguito al peccato. Per Pascal, Cartesio aveva reso irrilevante Dio, ridotto a dare solo «quel colpetto per mettere in moto il mondo» e poi si era reso superfluo, lasciando il mondo al *cogito* cartesiano. All'*esprit de géométrie* cartesiano, Pascal – gran genio della geometria – oppose l'*esprit de finesse*, lo spirito intuitivo fondato sulle ragioni del cuore. L'uomo per lui è spirito, dunque genio e creatività, ma è anche automa, nel senso che vive di abitudini, di meccaniche ripetizioni: la forza della consuetudine riguarda pure la fede. Pascal fu il primo critico *ante litteram* dell'edonismo moderno, vide nel divertimento la prima forma di alienazione, distrazione e perdizione per non affrontare le verità della vita, della morte, di Dio e del mondo. L'io va odiato, diceva, è ingiusto in sé, in quanto si fa il centro di tutto, e nuoce agli altri, in quanto li vuole asservire. Pascal ebbe i gesuiti come avversari e gli atei come nemici (fra cui gli ebrei, considerati da lui «irriducibili nemici di Dio» e deicidi). Sui gesuiti diceva che «hanno voluto congiungere Dio al mondo e hanno guadagnato solo il disprezzo di Dio e quello del mondo».

C'è chi crede per superstizione, ma c'è pure chi non crede per libertinaggio, ossia perché gli è più comodo. Nella vita fu un conservatore: ubbidite all'autorità, diceva, rispettate le gerarchie, inchinatevi e toglietevi il cappello. Detestava le rivolte e le guerre civili – «il peggiore dei mali» –, l'ordine sociale andava per lui preservato, santificava la rassegnazione. Pascal considerava la vita come un sacrificio, riteneva abominevoli i piaceri, aveva orrore della natura, esortava ad abbandonare i vizi e l'amore per la terra e ad affidarsi a Gesù Cristo, in cui è dolce anche la morte. Un ingegno così vivace aveva un cupo senso religioso, di matrice giansenista. Per Michele Federico Sciacca, egli non vede Cristo risorto, glorioso e trionfante, ma solo afflitto e crocifisso; l'uomo per lui è creatura caduta nel peccato. Se non fosse per il cuore, scarseggia l'amore nel cristianesimo di Pascal. Per lui la religione cristiana era l'unica in equilibrio tra esteriorità e interiorità: «Eleva la gente del popolo all'interiorità, e sottomette i superbi all'esteriorità». Pascal ricercò pure l'equilibrio tra fede e ragione, salvando il misterioso e il soprannaturale senza cadere nell'assurdo e nel ridicolo. L'uomo è una corda tesa fra il tutto e il nulla, fra l'angelo e la bestia, la miseria e la grandezza, fragile canna pensante. Nietzsche, che pure fu l'antitesi del suo tetro dolorismo cristiano, fu entusiasta di Pascal e della sua «grazia malinconica»: il suo colloquio con Gesù, diceva, «è più bello di qualsiasi cosa del Nuovo Testamento». Detto dall'autore dell'Anticristo...

La scommessa di Pascal su Dio, fondata sul «calcolo» scientifico e utilitaristico, è forse l'unica argomentazione a disposizione di uno scettico e di un ateo per puntare su Dio. Nella scommessa, dice Pascal, abbiamo due cose da perdere, il vero e il bene, e due cose da giocarvi, la fede e la volontà. Soppesando perdita e guadagno, meglio scommettere su Dio anziché sul nulla, perché, «se vincete, vincete tutto; se perdete, non perdete nulla». Ovvero, se Dio esiste, guadagni la beatitudine eterna; se Dio non esiste, non hai perso nulla. O meglio, perdi solo qualche piacere della vita che hai sacrificato alla virtù della fede. Con una formula giuridica modificata, *in dubio pro deo*, nel dubbio scommetto su Dio. Non avrò mai la certezza di Dio, nessuna scienza lo confuterà o lo dimostrerà, è un Mistero. Dunque non resta che scommettere. Un atto libero e audace dell'intelligenza, che contraddice la visione giansenista della fede come grazia e dono di Dio. E che si può aggiornare in altri termini: non ci sono prove per confermare o confutare l'esistenza di un ordine, un disegno intelligente dell'universo: possiamo dunque ritenere che tutto sia frutto del caos e di suo figlio, il caso. O, viceversa, pensare che tutto sia dentro un disegno che pure non riusciamo a cogliere nella sua interezza e in tutti i suoi aspetti. Non resta allora che scommettere, sul caos o sull'ordine, sul caso o sul destino, su Dio o sul Nulla. Una versione scettica della scommessa pascaliana fu proposta in tempi a noi più vicini da Giuseppe Prezzolini quando scrisse, ormai vicino ai novant'anni, *Dio è un rischio*. La modernità seguì Cartesio, ma la certezza razionale si trovò d'un tratto fondata sul nulla e sul caos-caso, capriccioso e irrazionale... Sorte beffarda per la ragione autonoma e sovrana, testacoda del razionalismo e sua disfatta.

La Provvidenza è il più miracoloso farmaco contro la solitudine. Qualcuno ti pensa e ti ama, ti protegge, quantomeno ti dà voce nel buio. La Provvidenza è l'amor di Dio disceso nella storia. Dio padre si fa madre. A volerla spersonalizzare, è un'energia benefica.

Per Simone Weil l'idea della Provvidenza diminuisce la purezza dell'amor di Dio. «Non c'è che una prova della bontà di Dio: che noi l'amiamo. L'amore che noi abbiamo per lui è l'unico beneficio degno della nostra riconoscenza, e di conseguenza quest'amore racchiude in se stesso la prova della sua legittimità». L'amore non deve avere per Simone altro movente che se stesso. Quando Cristo in croce dice a Suo Padre: «Perché mi hai abbandonato?», l'amore assume la forma più alta dell'assenza (*Quaderni*, II). Contrariamente alla più diffusa concezione dell'amore come fusione e presenza, in Weil l'amore più puro è distacco e assenza, *amor vacui*. E viceversa, il male è nell'attaccamento ai beni, che ostruiscono la via d'accesso al Bene.

L'amore sovrannaturale è incondizionato. Un amore incondizionato, per Simone, è una follia, l'immagine che più si avvicina in terra è quella di una madre per suo figlio. Ma solo «l'amore per Dio e l'amore anonimo per il prossimo» sono incondizionati. Invece l'odio, aggiunge, non è mai incondizionato: come tutti gli amori, ha limiti, è la finitezza del male rispetto all'assoluta e infinita grandezza del bene, chiamato amore.

Viceversa, il male radicale per Weil è la sostituzione o l'inversione dei mezzi con i fini. L'amore fa di ciò che si ama scopo di vita e non strumento di piacere, di possesso o d'altro. La stessa libertà, senza amore soprannaturale, come invece fu nella Rivoluzione francese, «è del tutto vuota, pura astrazione» (*Quaderni*, III).

«L'amor di Dio è puro quando la gioia e la sofferenza ispirano una gratitudine identica». E altrove annota: «Se si ama Dio pur pensando che non esiste, egli manifesterà la sua esistenza».

La necessità è il velo di Dio, scrive ancora Simone Weil, la distanza tra la necessità e il bene è l'esatta distanza tra la creatura e il creatore. È bella e confortante, nella sua calda umanità, la figurazione di Dio che si cura come un padre delle sue creature. Ma è un Dio su misura per la nostra piccola mente e fragile persona, nel suo breve raggio di spazio e di affetti, ridotto a proiezione umana, quasi domestica, nell'alto dei cieli. Si può pensare l'amore di Dio come lo intese Plotino, emanazione dell'Essere per pienezza traboccante. L'Essere ama l'Essere in ogni sua forma, Essere e amare coincidono.

«Non potresti essere nato in un'epoca migliore di quella in cui si è perduto tutto» (*L'ombra e la grazia*).

Due razzi folgoranti di Baudelaire: «Anche se Dio non esistesse, la religione sarebbe sempre santa e divina». «Dio è il solo Essere che, per regnare, non abbia neanche bisogno di esistere». Dio è necessario a noi e al mondo, indipendentemente se esista o meno. Vivere come se Dio ci fosse, dice l'ateo devoto, perché credere in Dio rende l'umanità migliore, più timorosa del male, più rispettosa della legge e del prossimo, con uno scopo grande. Vivere come se Dio non ci fosse, diceva invece il teologo luterano Dietrich Bonhoeffer, per assumere da adulti la piena responsabilità di quel che facciamo. Due morali opposte, ambedue a fin di bene. Ma si può fondare la morale su una pia simulazione? E si può subordinare la verità al vantaggio di comportarci meglio?

L'amore presta il suo nome a un'infinità di commerci, dice La Rochefoucauld. Abusi impropri dell'amore o della parola che lo indica. Un vero amore, per Gustave Thibon, non resta tra me e te, ma si fa trascendente. «Tutto ciò che si chiama amore e non ha per centro e per scopo Dio, non è che tirannia o schiavitù, commercio o abitudine» (*L'invisibile luce*). L'autentico amore spirituale non è separazione dell'immortale dal mortale, dell'eterno dal temporale, ma trasformazione del mortale nell'immortale, del temporale nell'eterno. «La falsa spiritualità è negazione della carne, la spiritualità autentica è la sua rigenerazione» (Vladimir Solov'ëv, *Il significato dell'amore*).

*Innamorata di Dio.* L'amor di Dio resta il filo d'oro della vita e dell'opera di Cristina Campo. In una lettera a Mita, scriveva: «Questo tempo di orrori e di crolli spirituali è reso sopportabile dalle radici in terra e dalle campane in cielo». C'è chi elogia la sua prosa perfetta e le sue lucenti poesie, senza cogliere l'essenza spirituale del suo pensare amorevole e del suo opporsi alla modernità senza amore.

Cristina amava la fiaba e la considerava il primo gradino,

sacro e puerile, della metafisica e dell'iniziazione ai misteri del soprannaturale. La fiaba è un racconto mitico e mistico sul miracolo che infrange la necessità, grazie al coraggio dell'impossibile, superiore a ogni altra forza. Il cammino della fiaba comincia senza speranza terrena, ma poi la follia di chi crede possibile ciò che è impossibile supera ogni disperanza con fiducia trascendentale. L'illuminazione verrà quando il tempo sarà maturo, non si può programmare e decidere, viene dall'alto.

Nella fiaba s'incontrano le fate, che già nel nome evocano la potenza del fato. La fiaba fu indicata anche da Simone Weil come la strada che riporta l'anima a Dio, attraverso l'attenzione al soprannaturale e la percezione dell'invisibile. Ma, a differenza di Simone, che considera l'esperienza spirituale come un disincarnarsi dal mondo, dal corpo e dalla vita, l'invisibile in Cristina passa cristianamente dalla concreta esperienza corporale: la sua spiritualità s'incarna nei sensi, porte d'accesso al soprannaturale. «Afferrare un'idea come si afferra un pezzo di pane».

Lo stesso accade nella storia: a differenza di Simone, Cristina considera la lingua il luogo d'incontro fra il tempo e l'eterno. Nella fiaba affiora «un ordine spontaneamente liturgico di parole». E proprio il nostro tempo, che prima definiva di «orrori e crolli spirituali», diventa per Cristina anche un privilegio, un'occasione e una sfida: «Eppure amo il mio tempo in cui tutto vien meno e forse è proprio per questo il vero tempo della fiaba». L'uomo ha distrutto tappeti volanti e specchi magici quando ha preteso di fabbricarli, ma questa è «l'era della bellezza in fuga, della grazia e del mistero sul punto di scomparire». Il tempo d'oggi, che «ha un fiuto infallibile nel tentar di schiacciare ciò che è inimitabile, inesplicabile, irripetibile, tutto ciò che non gli può somigliare», può diventare per Cristina il tempo assoluto della fiaba e del risveglio spirituale.

L'impronta di Cristina si coglie in alcune sue espressioni chiave. Come la *sprezzatura*: «Una briosa, gentile impenetrabilità all'altrui violenza e bassezza», la definisce nelle pagine di *Con lievi mani*, «un'accettazione impassibile di situazioni immodificabili», denotata da «un distacco quasi totale dai beni di questa terra, una costante disposizione a rinunciarvi se si posseggono, un'ovvia indifferenza alla morte»; un'apertura alla bellezza e un superamento dell'io.

O il *soprammercato*, quella grazia sovrabbondante che si riversa sull'anima, e che denota l'eroe della fiaba, supera il regno della necessità ed entra, tramite la grazia e la gratuità, nel regno della giustizia. L'importanza di riscoprire la grazia *soprammercato* nell'epoca del mercato globale che si fa misura di tutte le cose.

O un'espressione tratta dal linguaggio marinaro, *avanzare di ritorno*. Quando ci si perde in mare, per ritrovare la rotta si deve procedere in senso opposto rispetto alla direzione fino allora seguita, avanzando di ritorno.

Dalla tradizione orientale, e segnatamente iraniana, Cristina Campo trae il riferimento al tappeto islamico dell'orazione. Il tappeto è un linguaggio, ma anche un *hortus conclusus*, un microcosmo compiuto e uno spazio sacro di preghiera come un giardino; la sua orditura è simile a un poema sacro. Chi annoda i fili del tappeto segue un'ispirazione devota ma anche un destino d'amore. Più si conosce la poesia, dice, più ci si accorge che essa è figlia della liturgia, la quale è il suo archetipo, come Dante dimostra.

La sua breve, delicata esistenza è percorsa come un filo d'amore «da un distacco quasi totale dai beni di questa terra, una costante disposizione a rinunciarvi se si posseggono, un'ovvia indifferenza alla morte, profonda riverenza per più alto che sé e per le forme impalpabili, ardimentose, indicibilmente preziose che quaggiù ne siano figura. La bellezza, innanzi tutto, interiore prima che visibile, l'animo grande che ne è radice e l'umor lieto».

Il suo pensiero poetante sfiora la perfezione, unita alla rarità dei suoi scritti e della sua scrittura. Cercare la bellezza, con umor lieto: anche il cammino della salvezza può procedere con il passo leggero delle fiabe.

Secondo un consolidato stereotipo, il monaco (o la monaca) ama Dio direttamente, il frate (o la suora) ama Dio attraverso gli altri uomini e il creato. Al primo si addicono più le preghiere e l'ascesi, al secondo le opere, la fatica, il *labor* (ma i monaci benedettini smentiscono il cliché e sintetizzano i due stili: *ora et labora*).

## I SANTI, INNAMORATI DI DIO

Una volta i cattolici si vestivano a festa, scendevano in piazza e in corteo, andavano in processione o festeggiavano in casa il *Dei pride*, vale a dire l'orgoglio di Dio in anglolatino, ossia antico-moderno, ed è il nome consono al tempo nostro per indicare la festa del santo, servo del Signore e orgoglio del campanile. I santi patroni, alcuni famosi, altri locali, rurali o marinari, e miracolosi. Il *Dei pride* non era solo una mobilitazione popolare né si celebrava solo nella Casa del santo, la chiesa a lui dedicata o dove c'era una sua statua, una sua reliquia, una sua effigie, ma anche nelle case. Era la linea di distinzione tra il Nord protestante e il Sud cattolico, tra l'austero, un po' lugubre e solitario luteranesimo e il chiassoso, corale, figurato paganesimo cattolico. Popolato di santi, variopinto e festoso, tra culti e devozioni. Al Sud, anche gli atei sono un po' devoti ai santi, rispettano almeno quel *modus vivendi*, il sentire comunitario, la tradizione di popolo, nel ricordo delle loro madri, del passato e dell'infanzia, il bisogno di sacro, di simboli e riti, l'affabilità domestica del divino, a portata di mano.

I santi sono la prima rappresentazione della mediazione amorosa di cui abbonda il Sud, e il mondo cattolico, a ogni livello. C'è sempre qualcuno che si mette di mezzo, e, quando si rompono gli argini e si passa a un'azione violenta, la parola d'ordine è *levateve a' miezze*, toglietevi di mezzo (minaccia oggi superflua, perché nessuno si mette più in mezzo per impedire lo scontro). Il clientelismo ha un antefatto celeste nella protezione amorosa dei santi: avere santi in paradiso è un modo ancora corrente per indicare la raccomandazione. I santi patroni, i santi più amati, i santi popolari più recenti, su cui primeggia padre Pio, erano le app più diffuse per accedere a favori e benefici altrimenti inaccessibili. Ai santi si chiedeva la grazia, l'intercessione, i numeri al lotto, *'o zito* o *'a zita* per sposarsi, tutto.

Ai santi è rivolto un amore umano, quasi carnale, figurato, rispetto a quello rivolto a Dio nell'alto dei cieli. I santi rappresentano il sacro alla nostra portata: un tempo uomini come noi, perciò ci capiscono, ci vengono incontro, parlano il nostro gergo, quasi in una rappresentazione teatrale ieratica. Il sacro separa, il santo congiunge, e si mescola al profano. I santi sono l'espressione più alta dell'ascensore sociale: anche un umile mortale, un povero cristo, può diventare santo e salire in cielo. Non l'umanizzazione del divino della teologia secolarizzata, ma la santificazione dell'umano per avvicinarsi a Dio. Il santo è un esempio: i santi erano gli influencer dell'antichità, i top model della vita buona. Ma erano come noi. Il legame con loro era l'amor grato.

Le feste dei santi al Sud avevano anche un riverbero domestico, si facevano feste d'onomastico a casa di coloro che portavano il nome del santo: una festa più importante del compleanno perché meno legata al singolo, più alla famiglia, alla religione e alla comunità. C'era il pellegrinaggio nelle case dei Giovanni, Antonio, Giuseppe, Maria per il loro onomastico, un via vai di amici e parenti, visite e garzoni, cremolate e spumoni offerti con i «complimenti», come si chiamavano da noi i dolciumi. Era bello da bambini assistere al via vai delle «visite» che facevano il giro dei festeggiati, di casa in casa. Era il tempo dei santi e della frutta, dei fioroni, dei cibi del paradiso, dei gelsi e delle *cerase*. La natura concorreva alla festa con le sue primizie.

Quella civiltà patronale, pur con le sue esagerazioni e superstizioni, va ricordata con affetto: quel mondo in confidenza con i santi, caloroso e verace, pieno di umanità e fervore religioso e gioioso, pur tra sacrifici e superstizioni, afflizioni e penitenze. Oggi la rappresentazione negativa dei media riduce le processioni all'inchino ai capi mafiosi (che erano poi l'omaggio allo sponsor, cioè ai principali benefattori che sostenevano le feste).

Quando nascevano tanti bambini, il nome dato loro non doveva essere di moda, di tendenza, spiritoso, originale, ma doveva significare qualcosa e ricordare qualcuno. Erano i nomi dei loro nonni o familiari intrecciati ai nomi dei santi per porli sotto la loro protezione, come i patroni. La vita era una sanguigna poesia d'amore a rime alternate, in cui i nipoti portavano il nome dei nonni e dei santi venerati nella loro comunità. Poi vennero i neonati, sempre più rari, con i nomi-fiction, astratti, cosmici, vegetali, global, serial, online... Come i tatuaggi, che magari piacciono appena fatti ma poi scolorano perdendo lo smalto del tempo e della moda.

## TORNARE IN CHIESA

Ad andare in chiesa sono ormai in pochi, a partecipare alle messe, anche solo festive, una sparuta minoranza. Inutile ripetere il rosario delle motivazioni: ateismo pratico, scristianizzazione galoppante, indifferenza, apatia religiosa, dubbi e poi fretta, distrazione, mondanità e apparenze. Si potrebbe continuare, ripetendo cose risapute, sfondando porte aperte e sbarrando portoni ormai serrati. La chiesa è fuori dai nostri orizzonti abituali.

Per una volta, proviamo a pensare e a immaginare diversamente, e poi tradurre sul piano pratico, in modo inatteso. E se ci affacciassimo in chiesa, pur con tutti i dubbi, la lontananza, estraneità, diffidenza e antipatia per il clero e certi preti? Non a messa la domenica, non dal parroco, e nemmeno per curiosità turistica ed estetica, come visitatori di opere d'arte. Ma se tornassimo, a uno a uno, a rianimare le chiese desolate, per brevi ma non sporadiche pause di riflessione? Quante pause ci prendiamo durante il giorno, per il caffè al bar, per fumare, per i social, per telefonare; perché non prevedere una pausa senza oggetto, in un luogo «separato»? Non è una proposta oscena, non c'è profanazione e nemmeno conversione; piuttosto è un aprire la mente, depurare le passioni, ritrovare un luogo di decantazione. Consideriamo per una volta la chiesa non come la Casa del Signore, luogo santo e materno, secondo il papa, i sacerdoti, i fedeli, la catechesi. Ma come luogo di raccoglimento, al riparo dai rumori e dai consumi, calmo e silente, in cui mettere a tacere anche lo smartphone: senza schermi, consumi e pubblicità. Un luogo di ristoro dell'anima, d'interruzione del flusso temporale, di separazione dal profano scorrere del mondo e della gente (del resto, il sacro, come il tempio, è ciò che è separato). Un luogo adatto per concentrarsi, per farsi domande e darsi risposte, evitando lo psicanalista, i farmaci o il tablet. Un luogo che ha una lunga storia, anche ardente, e ha visto nascere e morire, sposarsi e votarsi, in cui smaltire i rancori, sbollire i furori, ripetersi che l'odio fa male, innanzitutto a chi odia. Un luogo in cui mutare punto di vista, forzarsi all'amore, tornare sereni.

È follia immaginare nel corso della giornata, in pieno centro, in mezzo ai *negotia mundi*, di ritagliarsi una breve fetta di solitudine pensante, di visione e di salto nel tempo, non dirò nell'eterno ma in un altro tempo, o meglio, in un'altra scansione del tempo, un'altra direzione? Pensate che non faccia bene una pausa del genere o che nuoccia a qualcuno? Rischiara la mente e aiuta a controllare le passioni, la rabbia, l'odio, l'ansia immergersi in un mondo così diverso. Magari non sarà contento il parroco, e nemmeno il papa, a pensare che si possa fare un «uso» laico, non confessionale né devoto della Casa del Signore, senza passare dalla loro mediazione. Ma l'alternativa è l'attuale deserto in chiesa e nei cuori della gente. Anzi, le chiese oggi sono quasi sempre chiuse.

E rispetto ai correnti usi profani della chiesa, ridotta nella migliore delle ipotesi a rifugio, mensa e accampamento per i senzatetto oppure a sala convegni, concerti, location o, peggio, ostello e ristorante, una volta sconsacrata, questo riaffacciarsi in chiesa sarebbe più consono e spirituale. Pensate che non sia un «uso» religioso della chiesa aiutare gli uomini a ritrovare la propria interiorità, il rapporto profondo con il mondo circostante, con il prossimo, il rispetto del silenzio, della calma, del luogo, la meditazione, l'attenzione e la preghiera, infine l'amore? Non è fede né rito, eucaristia o liturgia; semmai, agli occhi di un devoto o di un sacerdote, può precederli, può predisporne il terreno. Sarebbe bello vedere le chiese riaprirsi e rianimarsi, tornare familiari a molti, aprirsi ai viandanti indaffarati per ritrovare senso, mistero e rispetto della vita. Per ridimensionare ciò che fuori costa tanto ma vale poco, per depurarsi dagli umori velenosi della vita.

Certo, il credente dirà che in chiesa si va per incontrare Dio, per adorarLo, e per venerare i santi, per pregare, partecipare alla messa, confessarsi e fare la comunione, o per battezzarsi, cresimarsi, sposarsi e benedire i defunti. Con realismo, non si tratta di ribadire come dovrebbe essere la chiesa, ma ciò che è realmente: chiusa e disertata. Meglio aprire la chiesa anche solo per far respirare la mente e il cuore, disintossicarsi dalla vita profana, essere più veri, più aperti al senso della vita. Poi, chissà, in loco potrà sorgere il «gusto» di pregare, partecipare a un rito, frequentare una parrocchia, parlare con il prete o con i fedeli. Farebbe bene a chi entra, a chi vede entrare, a chi già è dentro, alla chiesa stessa che torna vivente, non imbalsamata e chiusa, presente e non passata, senza fingere culto e devozione. Magari solo per passare un quarto d'ora di verità, al posto del famoso e penoso quarto d'ora di celebrità. Provarci, per l'amor di Dio.

## Nono grado
## AMOR DI VERITÀ
*Amare l'essere e la realtà, prima di tutto, sopra tutto*

Si spegnerà nel disamore la nostra civiltà. Appassisce il dire, il ricordare, il pensare, il poetare, il pregare, il convivere. Si procede controvoglia, controsenso, stancamente. Il sole sta calando nel mare, è ora di andare con *lui*.

Poi arriva un soffio, un fremito, e ti sovviene l'amore. Quando tutto è perduto e non ci sono più punti fermi, non resta che ricominciare dall'amore. «Quando tutto è perduto, non restano che la cenere e l'amore» (*Hegel*, album di Lucio Battisti e Pasquale Panella). Amore nostalgico, quando ricorda il tempo e il mondo prima che finisse in cenere; amore profetico, quando si azzarda a pensare che qualcosa nascerà dopo le ceneri. Dal punto zero, in prossimità della tabula rasa che cancella il vivere, il pensare e il credere finora in uso, non si può che ripartire dall'amore, la sua forza primigenia e il suo slancio vitale. Incipit dell'universo è l'amore, origine della vita, molla di ogni agire non meccanico, principio generatore di tutte le cose che vivono, si cercano e si uniscono.

Su spalle troppo piccole e fragili grava oggi il peso cadente di una millenaria civiltà spirituale. Non ne siamo capaci, non siamo abbastanza capienti, l'onere è imponente, insostenibile per noi. Però se resiste ancora si vede che quel peso non è retto dalle nostre deboli spalle, è solo poggiato; ci sarà una forza dall'alto che ne regge il peso e ne impedisce la caduta. Su quella fiducia si fonda il nostro amore.

«La verità, vi prego, sull'amore» è la celebre invocazione di Wystan Hugh Auden che dà il titolo alla raccolta delle sue poesie. Qui diremo il contrario: l'amore della verità, vi prego. A costo di nuocere anche all'amore e dire verità amare. Il sottinteso, nel titolo originario inglese, era il verbo: *ditemi* la verità sull'amore (*O tell me the truth about love*). L'amore della verità, invece, è oltre ogni dire; è la premessa, la sostanza e il fine. «Dicono alcuni che amore è un bambino / e alcuni che è un uccello, / alcuni che manda avanti il mondo / e alcuni che è un'assurdità...» poetava Auden prima di concludere pregando di dirgli la verità sull'amore.

Dicono che l'amore sia una splendida menzogna. Eppure ogni amore verace ama la verità, confida nel vero, si regge sulla sua prova vivente. La verità viene prima di ogni cosa, e, dove non è possibile conoscerla, va comunque ricercata, con passione. Scommettere sulla verità, riconoscendo i nostri limiti e il suo mistero. E quando non troveremo la verità, coltiveremo il suo mito. Poi, chi vorrà, s'inoltrerà nel buio con la torcia della fede, della speranza o della carità. Sarà proprio l'amore a sfidare l'ignoto e l'isolamento.

Che la verità sia la premessa e lo scopo di tutto e di noi stessi lo dice il più limpido e lucido martire della verità nel secolo scorso, Pavel Florenskij: «Io non so se la Verità esista o meno, ma con tutto il mio essere sento che non posso farne a meno, so che, se esiste, per me è tutto: ragione, bene, forza, vita, felicità. Forse non esiste ma io l'amo più di tutto ciò che esiste, mi unisco a lei come a tutto ciò che già esiste, e anche se non esistesse, l'amo con tutta l'anima e con tutta la mente, per lei rinuncio a tutto, perfino ai miei quesiti e ai miei dubbi» (*La colonna e il fondamento della verità*).

Fëdor Dostoevskij tra Cristo e la Verità scelse Cristo, padre Pavel sceglie la Verità, sapendo che Cristo sarà con lei. Un brivido corre lungo la schiena leggendo quelle parole e calandole nella vita vera, a partire dalla sua: quanto è costata a lui, la verità, ma non se ne può a fare a meno. E pensare quale scempio della Verità, detta in russo *pravda*, fu fatta al suo tempo nel suo paese: usata per allestire la menzogna di Stato e di partito e uccidere in suo nome.

Amare significa pensare il bene e praticarlo. Al fondo delle cose, la verità è semplice, elementare, assoluta. Pensare il bene e praticarlo è l'essenza dell'amore, il nucleo più ristretto e insieme la definizione più estesa dell'amore. Amare nel senso più alto, più ampio e più profondo possibile, comprensivo di ogni specie d'amore, rivolto all'Essere in tutti i suoi gradi, coincide con il pensare, volere e fare il bene; amare è volere che si avveri il bene. Chi pensa il male genera il male, fa del male agli altri e a se stesso, vive male, alleva il male dentro di sé, è succube del male. Chi pensa il bene si dispone verso il lato luminoso e *numinoso* della vita, favorisce il corso benefico degli eventi, agisce di conseguenza, e vive meglio. Come il male genera il male, pure il bene alla fine genera il bene. Chi fa del bene agli altri lo fa pure a se stesso.

Ma che vuol dire «pensare il bene»? Non significa professare ottimismo, ingenuo candore, vedere sempre il bicchiere mezzo pieno e negare la vista e la verità del male, scacciando il pensiero critico, la capacità di obiettare e scorgere i lati negativi. Pensare il bene vuol dire pensare, agire, volere in modo che il bene prevalga sul male, e persista indipendentemente dal male; e si adopera nel raggio delle proprie possibilità perché ciò si avveri. In ogni caso e con ogni esito, anche di sconfitta, chi ha perorato il bene, ha respirato aria buona, ha amato, non ha odiato; ha costruito e non distrutto, ha aiutato a vivere, non ha sottratto vita. Resta sottintesa l'avvertenza che del bene, come della verità, non abbiamo pretesa di certezza, e tantomeno il monopolio. Ci si affida al sentire comune, all'esperienza, all'intelligenza e agli effetti che sortisce.

L'amore unisce, il suo contrario disunisce; l'amore fiorisce, il disamore fa appassire; l'amore è per l'Essere, il nascere, il fecondare; il suo contrario dispone al non-essere, all'abortire, al declinare, al dissolvere. Si odia a morte e si ama a vita; in ogni amore c'è desiderio d'eternità di ciò che si ama: persona, vivente, cosa, legame e momento. Se deperisce vuol dire che ha preso il sopravvento il tempo sull'eternità, la parte sul tutto, il vuoto sul pieno, l'ego sull'amore. Concentrarsi sul bene fa bene e genera bene; distoglie lo sguardo dal male, si limita solo a porre argini perché non straripi e non ci inondi. Tenerlo lontano, anche dallo sguardo e dal cuore perché nuoce all'animo, avvelena la mente, incattivisce gli sguardi e inacidisce i caratteri. I greci non riconoscevano al male uno statuto a sé; per loro era privazione del bene, vuoto, mancanza, non-essere. Indipendentemente se il male abbia o no consistenza ontologica, è bene non riconoscere al male essenza e volontà autonome; è bene retrocederlo a calamità, errore, vuoto, caos, pura negazione. Simone Weil nell'*Ombra e la grazia* degradava l'oppressione al rango di calamità naturale. Con i suoi soprusi l'oppressore decade da persona a cosa, fattore inanimato, ostacolo, malattia: «considerare gli uomini al potere come cose pericolose». Simone era sempre radicale e disconosceva dignità di persona agli agenti del male, li considerava meri impedimenti, pietre d'inciampo… Oggi avviene il contrario, anche le calamità naturali sono attribuite a colpe umane, errori o inadempienze: lo dicevamo prima.

Rispondere all'odio con l'amore, come predica la morale cristiana, è regola assai difficile a praticarsi, ma non è affatto moralismo untuoso e vile, privo di dignità. Ci vuole invece forza d'animo e volontà di ferro a convertire l'odio in amore e a frenare gli impulsi vendicativi. Richiede tanta pazienza e grande capacità di elevarsi, fino a trascendere il piccolo sé e tutto il suo bagaglio di ragioni. E mettersi nei panni di chi esercita l'odio, sforzarsi di capirne i motivi, le cause, i precedenti… questa non è affatto una morale da schiavi, come pensava Friedrich Nietzsche, ma da signori, perché, al contrario, pone su un piano superiore chi risponde all'odio con l'amore, a volte disorientando chi ha fatto il male, e in più rari casi spingendolo pure a pentirsi o ravvedersi. Ma non si tratta nemmeno di rispondere al male con il bene per mostrarsi superiori e neanche pretendere di convertirlo al bene; piuttosto, ritenere che l'odio genera altro odio, e degrada chi odia, e, se non s'interrompe la spirale, dal male non può che venire altro male. Meglio assumere un punto di vista impersonale, oggettivo, sovrastante. Certo, è auspicabile che si ripristini la giustizia, che a ciascuno sia dato il suo; ma nuoce farsi contagiare dall'odio e giova convertire il veleno in farmaco.

È giusto odiare l'ingiustizia; però è meglio contrastare l'odio senza odiare a nostra volta, aumentare al massimo l'efficacia nell'agire e ridurre al minimo l'affezione, il trasporto verso l'odio. Distinguere il male da chi lo compie. L'unica vera obiezione è quella iniziale: è difficile commutare l'odio in amore. Ma almeno sollevarsi, guardare da una prospettiva più alta; e, se non si riesce a perdonare, almeno saper dimenticare.

Non odiare, ti dico, non odiare. Non odiare. Lo ripetiamo ogni volta che sale l'impulso all'odio, e sale di frequente per le controversie della vita, le ingratitudini, le falsità, le disonestà, l'ingiustizia, il male ricevuto, la prevalenza del cattivo… Non odiare, perché l'odio abbassa chi lo prova, fa male a chi odia prima che a chi è odiato: non raggiunge neanche lo scopo che si è prefissato. Non odiare, perché più s'invecchia e più l'acidità sale alla testa, unita al rancore, e provoca malattie. Tante volte ci scopriamo sulla via dell'odio: fermiamoci, non porta da nessuna parte, è solo dannazione per chi lo patisce. Il male fa male a chi lo esercita, fa dare il peggio di sé, muove energie negative, è un boomerang che si ritorce contro il mittente. Perché non lo governi ma governa te, è dispotico, accecante, assordante. L'odio non vede, non sente ragioni, l'odio aliena, altera, sparge tossine in circolo, allarga il regno del male. L'odio ha una cosa in comune con l'amore: dipende dal suo oggetto. La dipendenza è deviazione dell'amore, una forza che si risolve in debolezza, un desiderio che degenera in bisogno patologico…

Ma non solo l'odio. Anche ogni amore che fa male e genera male non è amore. Sia che si sparga in giro, sia che si concentri sulla persona o sulla cosa amata. L'amor tossico è un ossimoro e non ammette coesistenza degli opposti; o è falso l'amore o è falsa la sua nocività. Ogni amore che violenta, sfigura, opprime, uccide l'amato, usurpa il nome di amore ma è il suo contrario; è il male che si traveste da bene. Non c'è amore dove l'amato sia ridotto a mezzo e non fine, ovvero sia subordinato a uno scopo, un impulso, una volontà di possesso, di potenza e di sopraffazione: l'amato è oppresso e strumentalizzato, fino a essere soppresso. Poi, certo, sono possibili mescolanze d'amore e maleficio, non siamo esseri a una dimensione, abbiamo impulsi contraddittori.

Lo stesso rovesciamento avviene quando si professa amore per l'umanità, per i popoli e poi si pratica il male come necessario per realizzare il bene. Quanti amanti dell'umanità impongono tirannie, generano massacri «a fin di bene», ritengono la via dell'inferno necessaria per raggiungere il paradiso. Ma dall'inferno non si accede al paradiso. Anche quello lastricato dalle migliori intenzioni. L'amore non prevede la terapia del male, semmai del sacrificio, non transita dall'infliggere sofferenza; l'unica sofferenza compatibile con l'amore è quella patita su se stessi, non dagli altri o dalla persona amata. L'amore unisce, ciò che separa è la sua negazione; *diabolus* è chi separa. Ogni amore che isola o contrappone agli altri è in realtà un paravento o un fragile simulacro che nasconde la sua indole malefica. Amare l'Essere in ogni essere. Amare, cioè voler bene, secondo gradi d'importanza, prossimità, affetto, in una naturale e soprannaturale gerarchia d'amore. Amare alla luce del vero, del giusto, del bello.

La verità non si possiede, si ama. Anche se ami qualcuno o qualcosa non lo possiedi, a maggior ragione la verità. Nessuno ha il possesso della verità, al più la sfiora, vi accede in uno squarcio o in un lato, ne coglie l'ombra, la intravede.

Nella migliore delle ipotesi la verità ci possiede, ma noi non possediamo lei; perché è sempre più grande di noi. Ci trascende, ci comprende. Il massimo a cui possiamo aspirare è di essere amanti e cercatori della verità, nutrire passione per lei fino a preferirla a ogni altra cosa, benché incerto sia l'esito. La libertà è il mezzo, la verità è il fine. Alla verità si addice l'amore, non il possesso né il monopolio. Come per l'amor di Dio. In ultima istanza, amor di Verità è amor di Dio.

La verità è la grande latitante. Manca alla vita, alla storia, al mondo e ai rapporti umani, compresi quelli amorosi. Non la verità imposta con il sangue dai tiranni e dai fanatici, non la verità algebrica, somma delle opinioni e della statistica, ma la verità dell'Essere, disarmante e disarmata, evidenza di realtà e intelligenza delle cose.

L'epoca del disamore nei piani più alti del pensiero è anche l'epoca del tragico. Tragedia, apocalissi, abisso e catastrofe sono gli esiti e le parole chiave del pensiero più acutamente consapevole del nostro presente, che a volte discende da quello che si chiamava, non a caso, pensiero negativo. Cosa indicano il disamore da un verso, il pensiero tragico dall'altro e nel mezzo le filosofie che non si occupano più di destini ma di procedure, non della realtà o della storia ma dell'analisi e dei metodi, e si inchinano alla tecnica e all'economia, come ieri si inchinavano al potere o alla religione? Indicano che il non-essere prevale sull'Essere, lo corrode, lo svuota. Non l'avere prevale sull'Essere, come denunciava Erich Fromm e su altri versanti Gabriel Marcel, ma peggio: il non-essere risucchia l'Essere fino ad annientarlo. Propendere per il non-essere vuol dire considerare positivo tutto ciò che recide legami, che sradica, che sconfina, che decostruisce, demolisce, finisce, abortisce; ciò che è disordine, ciò che libera dalla vita e conduce alla morte. Là dove vince il non-essere, là è indicata la liberazione, l'emancipazione, la felicità.

Essere e non-essere sono alle radici del pensiero e della sua crisi; ma, come vedremo, Essere e non-essere tornano anche nei frutti della vita corrente. Il manifesto del pensiero fondato sul non-essere fu scritto da Gorgia da Lentini, che ne ha dato venticinque secoli fa la più schietta definizione in un celebre frammento: l'Essere non esiste, se esistesse non sarebbe pensabile né conoscibile, se fosse concepibile e conoscibile non sarebbe esprimibile. «Pertanto l'Essere non è». E, aggiunge il sofista, noi pensiamo anche le cose che non esistono, come la chimera; dunque non c'è nessuna relazione necessaria tra essere e pensare, possiamo pensare anche il non-essere. Ma l'immaginazione, insegnava Giambattista Vico, non pensa il non-essere, assembla creativamente cose reali, come fanno i sogni, decompone e ricompone cocci di realtà. Anzi, l'immaginazione per Vico coincide con la memoria, la fantasia creatrice rielabora le esperienze ricordate. Dietro l'irreale c'è sempre la realtà, l'intuizione creativa è nel comporla diversamente. Anche la chimera è un animale irreale ma composto da parti di animali reali: il muso di leone, il corpo di capra, la coda di serpente.

Gorgia incalza: dicono che l'Essere sia infinito, ma se è infinito «non può essere in nessun luogo», non accorgendosi che si dovrebbe dire esattamente il contrario; proprio perché è infinito è in ogni luogo. La stessa cosa vale per l'eterno, che non è in nessun tempo ma è in ogni tempo. Nulla è eterno a questo mondo, ma tutto partecipa dell'eterno. L'Essere parziale non è la negazione dell'Essere totale, ne è un particolare, un tratto.

Ma torniamo all'affermazione iniziale di Gorgia da cui ebbe inizio la filosofia del non-essere fino al nichilismo. Il sofista attribuisce all'Essere gli attributi che sono propri del non-essere: è il non-essere a non esistere, come già dice la sua stessa definizione; è il non-essere che è impensabile e inconoscibile, e, se per assurdo lo fosse, sarebbe comunque incomunicabile. A ben vedere, Gorgia rovescia in modo speculare il pensiero di Parmenide di Elea. Il grande filosofo dell'Essere, nei suoi frammenti, dice del non-essere proprio quel che il sofista dice dell'Essere: non si può conoscere il non-essere, non si può nemmeno pensarlo né esprimerlo. Nulla viene dal non-essere, tutto viene dall'Essere, tutto è pieno di Essere. Noi pensiamo e conosciamo solo nell'Essere. Anzi, essere e pensare coincidono, sosteneva Parmenide.

Qui scendiamo dal cielo dei principi in terra. L'Essere non è solo un principio metafisico, ontologico, ma è il fondamento del reale; l'Essere si rende visibile, concreto, persino carnale. L'Essere è vita, l'Essere è il mondo, è tutto ciò che esiste. Senza l'Essere non c'è vita, non c'è presenza né persistenza, non c'è mondo. La morte è l'evento che temiamo di più da sempre perché ci appare come il passaggio dall'Essere al non-essere (o, se preferite, dall'esserci al non esserci più). Poi il pensiero, la fede, l'arte, la gloria ci inducono a ritenere che sia possibile l'Essere oltre l'esistere, al di là della vita. Perché dovremmo parteggiare per il non-essere che è morte?

Qui torna l'amore necessario: cos'è l'amore se non l'energia che vuole l'Essere, che è protesa verso l'Essere? E l'Essere in questione sei tu, l'amato; siete voi, gli amati; è la vita, è la natura, è il mondo, è il cielo, è la terra. Amare è volere la realtà, che è la prima forma, vicina, visibile e concreta dell'Essere, la sua prima incarnazione e rappresentazione. Nel fatto c'è l'impronta del vero.

Nell'epoca del disamore il non-essere prevale sull'Essere e tende a cancellarlo, dopo averlo reso superfluo e malefico; nel pensiero tragico, derivato dal pensiero negativo, la preoccupazione del non-essere prevale sulla cura per l'Essere. È l'attesa della catastrofe, il pensiero della fine che vacilla sull'orlo del nulla e dell'abisso. Il vasto mondo di mezzo tra il disamore di massa e il pensiero tragico misura il mondo a partire dal non-essere: infatti è dominato dalla volontà di potenza, che è volere ciò che non c'è e piegare fino a cancellare ciò che c'è; dai desideri portati all'infinito che rifiutano la realtà e i suoi limiti, dall'io che non è ciò che la natura e il destino hanno assegnato ma ciò che vuoi diventare, dai progetti utopici di postumanità perfette e di mondi migliori che rifiutano l'umanità imperfetta e il mondo reale. Il non-essere comanda sull'Essere, fino a consumarlo, sfinirlo, gettandolo nell'angoscia.

Amare è volere l'Essere, a partire dalla realtà e dai suoi gradi prossimi, è volere il destino (*amor fati*), amare la vita, amare il mondo. La verità non è la negazione della realtà ma è la sua matrice, come il vero è il grembo del certo. La verità è il mistero in cui risiede il cuore dell'Essere e la radice della realtà. Della verità possiamo conoscere solo frammenti, spigoli, sprazzi e intermittenze, mai la conosceremo per intero e per sempre. Perché siamo imperfetti e perché la verità non è dentro di noi, ma noi siamo dentro la verità, come dicevamo, e dunque non possiamo renderci conto della sua infinita grandezza. Come per la verità, così è per l'Essere: non lo conosciamo mai per intero e in essenza, ma tramite le sue manifestazioni, gli esseri parziali. C'è la poligonia del vero, diceva Vincenzo Gioberti, e c'è la poligonia dell'Essere: di entrambi noi conosciamo solo alcuni lati, non l'intera figura.

Come si collega la verità alla realtà, l'Essere agli esseri? Platone direbbe tramite partecipazione e imitazione, metessi e mimesi; ma l'energia che collega l'Essere alla realtà è l'amore, che è lo slancio più carnale e insieme più spirituale che muove gli esseri viventi, è il ponte tra gli esseri fisici e l'Essere metafisico. È folle paragonare la realtà vivente con il non essere, come è folle misurare il finito con l'infinito, la storia con i miliardi di anni del pianeta, vanificando il senso nel nome dell'immenso. Noi viviamo in quel determinato spazio di luogo e di tempo, dobbiamo recuperare il senso della misura, senza sporgerci nel buco nero dell'illimitato. L'amore ci riporta alla realtà.

*Veritas filia temporis*. In una lingua antica si annida un falso pregiudizio moderno. Se la verità è figlia del tempo, come ha sostenuto anche Hegel, è momentanea, deperibile, scadente. La verità coincide invece con l'Essere. Se non possiamo affermarlo con certezza, scommettiamo che sia così, piuttosto che farlo coincidere con il niente o l'apparire provvisorio. In ogni caso giova pensare alla loro coincidenza, elevarla a mito e vivere di conseguenza, in armonia con la realtà.

L'amore, dicevamo, è amore di verità, ma non può mai essere pienamente realizzato: chi ama la verità e l'Essere, ama la porzione di verità e di Essere che riesce a cogliere dalla sua postazione nella realtà della vita e del mondo. Amare, dunque, è dir di sì all'Essere e alle sue forme vitali. Il male, come insegnava la saggezza antica, è carenza, privazione, ossia non-essere. Amare è voler bene e il bene è l'Essere. Il fondamento dell'amore è nell'Essere, lo slancio verso l'Essere è nell'amare. Il cerchio dell'Essere, la freccia dell'amore.

Quando perde l'amore vuol dire che sta vincendo la morte, in tutte le sue forme o travestimenti. Ogni disamore presuppone un morire. Il tempo ci modifica, a volte ci guarisce, più spesso ci deturpa e ci sfinisce. Perciò è bello ritrovare qualcosa che non si altera con il tempo, non muta, irriducibile all'usura dei giorni. Chiamiamo fedeltà d'amore quel che il tempo non altera e non distrugge. Inossidabile persistenza, resiste alla prova del tempo, all'usura del mondo. Né il tempo né il mondo piegano l'amore alle loro suscettibili incostanze. L'amore è volontà di vivere e durare.

Eppure dev'essere dolce e amabile il mondo senza di noi, osservato con gli occhi limpidi di chi non è più dentro e non ha più «interessi» da difendere. È bello amare l'universo nel lasciarlo, scriveva Simone Weil. Dolce è amarlo congedandosi, defilandosi, come se non vi appartenessimo. Ma nell'intima persuasione che dal nostro tramontare si salvi l'essenziale e non perisca insieme a noi. Quel che resta di noi alla fine è l'amore che ci animò e che spargemmo nel mondo, quella scintilla che ci tenne in vita e che poi torna alla fonte: il bene più prezioso va oltre la vita e oltre la persona. Tutto ciò che può essere modificato, alterato nel tempo appartiene al tempo, all'eterno, all'*aion*, appartiene a quel che è impermeabile al tempo, inespugnabile.

Amare è tenere in vita, è l'impulso originario a essere, preservare e persistere. Ama ciò che vivi, ciò che vedi, ciò che mangi e che bevi, ciò che fai, ciò che ti circonda, chi incontri, chi frequenti; ama il mondo. E sapere che tutto è amabile anche quando non ci sei, o non ci sei più. L'amante passa, l'amato pure, l'amore resta, insieme all'universo che muove. Amare ogni cosa e saperla collocare al suo posto secondo l'ordine del mondo, la gerarchia degli esseri e dei beni. L'amore preserva, custodisce, mantiene in vita.

Amore, oltre che predilezione, è proiezione e protezione; tutti i grandi principi vitali – Dio e religione, patria e tradizione, famiglia e civiltà – sono questo, ci proiettano oltre noi stessi e ci proteggono. Amare il bene, il bello, il giusto compensando il male, il nulla, il vuoto. Amare è il principio che muove l'universo, e lo unisce, è il conato originario, la matrice di tutto ciò che è e vuol essere, sempre e per sempre. Amare è vivere con ardore.

Ama i tuoi limiti, ama i confini che sono i contorni che rendono persona, comunità, identità, civiltà. I confini, come l'amore, danno forma a ogni sostanza. L'amore dà forma all'Essere, che è sostanza. Amore è il trasporto, l'attenzione e la tensione, la cura e la premura. Gioia di esser vivo nella luce del mondo. Amore è nostalgia di ciò che fu e allegria per ciò che è; nel ricordo amoroso fai rivivere e restituisci vivo alla vita. L'intreccio di amore e memoria si potrebbe chiamare *Amemoria*: non è alfa privativo ma sintesi affettiva di amore e memoria, evoca il romagnolo e felliniano *Amarcord*. Amore è amicizia con il mondo e con gli esseri viventi e morenti; è dir di sì all'universo e a tutto ciò che esiste. Amare tutto a partire da chi e da cosa ci è più vicino, più caro, più familiare.

L'amare non corrisposto, disconosciuto, non ricambiato, fino all'ingratitudine, al disprezzo, al fastidio e alla noncuranza, volge in amarezza. Amareggiato è l'amore, ma non si lascia avvelenare. Anche quell'amore sprecato ha generato amore, ha dato fiori e frutti. Invisibili, differiti nel tempo e nello spazio, fioriti e fruttati altrove. Intanto chi ha dato amore, ha vissuto del suo amore, è stato già compensato. Il dannunziano «ho quel che ho donato» vuol dire che l'amore donato non è andato perduto, ma torna a chi lo ha donato, o meglio, non se n'è mai andato: più lo donavi e più ti cresceva dentro. È una dote che cresce quanto più la spendi e dai.

«L'amore è paziente, è benigno l'amore; non è invidioso, non si vanta, non si gonfia, non manca di rispetto, non cerca il suo interesse, non si adira» scrive san Paolo ai corinzi. Il vero amore non è quello che tutti più o meno supponiamo.

Da ragazzo trovavo ridicola e sdolcinata una frase che ripeteva sempre un'amica innamorata: «Quando c'è l'amore c'è tutto». Lei lo diceva alludendo alla sua intima vicenda d'amore e noi amici ci scherzavamo, ne facevamo la parodia, precedendo la conclusione di ogni suo discorso, in ogni ambito, con quel mantra mieloso. Ma con il tempo poi si scopre che è una verità universale: *quando c'è l'amore c'è tutto* è la verità che regge il mondo e lo collega in tutte le sue parti. Si dice che dopo l'incantesimo viene il disincanto, qui succede il contrario. Ricredersi è la saggezza del credere.

Tu credevi di aver poco a che fare con l'amore, schivo, riluttante, disamorato, restio ai frasari amorosi e alle sue cerimonie. Polemico, ti dedicavi alle contese del pensiero, alle storie controverse, alle posizioni scorrette e pugnaci. Non ti reputavi un militante dell'amore, semmai del conflitto.

Poi, a un certo punto della vita, ormai inoltrata negli anni, ti accorgi che non hai fatto altro che servire l'amore, vivere, scrivere e parlare d'amore; e tutto quel che hai fatto, e ancora fai, lo fai per amore, solo per amore. Amore della verità, del fato e della conoscenza, amor di Dio e dei santi, amore dei cari e dei ricordi, amore del ritorno e della tradizione, amor patrio e amore del Sud, amore di testimonianza, passione per i vinti, per la storia negata e le verità rimosse, amore dei libri e dei loro autori. Non hai mai smesso d'amare la famiglia, il paese, l'umanità e le comunità in cui ti sei riconosciuto. E la bellezza, l'estate, il mare, la natura, i luoghi dove vivi, il cielo, le stelle, il sole e la luna. Nella vita non hai fatto altro che amare l'Essere nel pensiero e nella realtà, nei corpi e nelle anime. Di ciò che fai e che dici la metà è dedicata all'amore e l'altra metà ad avversare chi avversa quegli amori. Puoi pentirti di aver dedicato troppe energie alla critica, eccedendo in polemiche, ma l'altra metà ha riempito la vita d'amore. Fatti non fummo per viver come bruti, ma per seguire amore e conoscenza.

A ogni sorgere del mattino, a ogni bilancio o preghiera della sera prega il tuo Dio, il tuo angelo, il tuo santo, la natura e la vita di darti la forza d'amare. Ricercala in te quella forza che ti tiene al mondo anche se deriva da altro. Invocala quando viene a mancare, sforzati di ritrovarla in te e intorno a te. Trova la forza d'amare, e che mai venga meno, sopraffatta dall'odio, dall'ozio, dalla rassegnazione. Con la forza d'amare sei al passo dell'universo, cammini con il vento, respiri con i cieli. Cos'è la forza d'amare? È l'energia generata da un tenace abbraccio tra coraggio e pazienza, che in fondo è umiltà. La forza d'amare è necessaria per continuare a vivere e per resistere alla morte – che non viene solo una volta, alla fine, ma s'insinua nei giorni e nelle notti, ti assale a ogni giro di boa e corrode la vita mentre la vivi. Trova la forza d'amare, affidati a lei, per sconfiggere la morte quotidiana. Abbi fiducia. Il resto verrà, e sarà quel che sarà. *Amare necesse est*, l'amore è necessario.

# Postilla

## *Solo l'amore può salvarci dall'Intelligenza artificiale*

Solo l'amore ci può salvare dalla sostituzione artificiale dell'umano, premessa alla sua estinzione. È la conclusione a cui giungere dopo aver visto dove conduce la sostituzione dell'amore con la volontà di potenza, applicata al dominio planetario della tecnica.

Partiamo dalla vita e da vicino, cioè dall'esperienza prossima, piccola e concreta. Anzi, da un piccolo esperimento sconvolgente, che mostra come si può rendere superfluo tutto quel che pensa, fa, dice l'uomo, a cominciare da quel che sto facendo in questo momento, scrivere. Dunque, Mauro M., amico e compaesano, confessa di usare ChatGpt, quell'applicazione dell'Intelligenza artificiale di cui a giorni alterni si narra la gloria e l'orrore: un giorno ammessa, un altro vietata, poi riammessa, e questo di solito serve solo a tardare e aumentare l'attesa del frutto proibito. Mauro vuole perorare una causa rivolgendosi al presidente del Consiglio e chiede aiuto al suo smartphone per redigerla. Non fa in tempo a inviare la sua richiesta e compare sul video il miracolo: una lettera argomentata, informata, pertinente, in buon italiano, che realizza la sua intenzione con una ricchezza di dati e una proprietà di linguaggio che un ghost-writer, un assistente o un consulente non sarebbe mai riuscito a formulare, neanche dopo un'ampia ricerca. Certo, un occhio critico attento può smascherare l'automa in alcune formule espressive un po' generiche, l'uso di format che si possono adattare a tante situazioni, una volta immessa la direzione che si vuol dare alla lettera. Ma difficilmente qualcuno avrebbe saputo rendere meglio la sua tesi e tradurla a quel livello, e in un attimo. Come è possibile che un'applicazione matematica riesca non solo a darti risultati esatti, ma si traduca anche in letteratura, comunicazione, selezione di argomenti e notizie? Sconvolgente.

Fino a ieri eravamo rimasti alla previsione di Aristotele di un futuro in cui gli schiavi sarebbero resi superflui, affrancati o disoccupati dalle macchine, i telai sarebbero andati automaticamente o le gru avrebbero sollevato pesi insostenibili per gli umani. I lavori manuali sarebbero stati sostituiti dalle macchine e l'uomo-Sisifo, sgravato dalle fatiche più pesanti e ripetitive, avrebbe potuto così dedicarsi alle attività teoriche, contemplative, artistiche, ludiche, rituali.

Sappiamo che non è andata così, il tempo liberato è spesso tempo perso, dissipato, alienato; crescono le pigrizie, le brutte abitudini e nascono altre schiavitù. Il tempo liberato non è dedicato alla cultura, all'arte o alle attività conoscitive, come pensava Marx. L'ozio non si trasforma in *otium* classico ma nel padre dei vizi e di altre più o meno futili dipendenze. Comunque, la sfera intelligente dell'umano era preservata, la tecnica ci liberava dalla fatica, dagli sforzi fisici, dalle lungaggini, dalle difficoltà pratiche.

Ora siamo nella fase ulteriore. L'app prodigiosa riesce a sostituire la ricerca, la cultura, la comunicazione, lo sforzo intellettuale, perfino lo stile, e invade pure il tempo libero. E sul piano sociale rende superfluo non il lavoro degli schiavi, come si pensava, da Aristotele a Marx, fino a ieri, ma il lavoro intellettuale. Si potranno mai giudicare studi, tesi di laurea e ricerche se possono essere compilate con una semplice domanda al tecno-cervello artificiale, in modo immediato ed esauriente? A che serviranno con il tempo i ricercatori, gli addetti stampa, i giornalisti, i linguisti, gli avvocati e ogni attività legata all'ambito comunicativo, se tutto può essere ottenuto in tempo reale, in versione ampia, a un livello elevato dall'Intelligenza artificiale? Ci sono alcuni territori ancora non raggiunti – il comico, il tragico, il poetico, il fantastico – dove occorre spirito critico, creatività, originalità, ma quell'*ancora*, onestamente premesso al compimento della frase, vuol dire che, com'era impensabile fino a ieri quel che oggi è possibile, così domani potranno accadere cose oggi impensate, grazie a ulteriori estensioni dell'Intelligenza artificiale. Una ritirata continua della nostra intelligenza, un'abdicazione progressiva, un accrescersi esponenziale di poteri magico-tecnologici a cui corrisponde un decrescere rapidissimo di facoltà umano-intellettuali. La tecnica avanza, l'umano arretra. L'intelligenza si atrofizza: basta la padronanza digitale. Al lessico e ai contenuti ci penserà l'algoritmo.

La parola chiave di tutto questo è una e la citavamo agli inizi: sostituzione. È il filo conduttore della nostra epoca. Non solo sostituzione etnica relativa ai popoli, non solo maternità surrogata per la natività, non solo sostituzione dei sessi nel nome della fluidità e di come «io mi percepisco», non solo sostituzione della natura con i prodotti della tecnologia, non solo sostituzione dei cibi naturali con i prodotti geneticamente modificati, non solo sostituzione del mondo reale con il mondo artificiale, virtuale. Ma sostituzione dell'umano, a tutti i livelli.

La prima minaccia globale alla nostra vita sulla terra non è il clima, l'inquinamento planetario, le guerre e le armi nucleari, ma la sostituzione. Quando toccheremo il punto di non ritorno, ovvero quando non saremo più noi a decidere, a guidare, a fare, quando non potremo più impedire, vietare, fermarci, tornare indietro? Non lo sappiamo, ma quel momento è vicino e quando succederà non ne saremo più consapevoli.

Bisogna fermare l'Intelligenza artificiale. Fermare non vuol dire vietare, negare, impedirne l'uso. Solo un idiota può pensare una cosa del genere e precludersi i vantaggi, le conquiste, i benefici molteplici delle applicazioni tecniche in molti aspetti della nostra vita. Il problema è regolarla, distinguere gli ambiti e i limiti del suo uso in modo che non diventi abuso, che resti nella sfera dei mezzi, e non intacchi la sfera degli scopi, vanificando i fini, il senso, il destino della vita. L'intelligenza critica è il vero filtro per distinguere gl'influssi benefici da quelli malefici. Esattamente come si distingue tra l'uso dell'energia nucleare e la bomba atomica. Sarà difficile, la storia umana insegna: ciò che oggi è proibito domani sarà accettato o violato, se non da noi, da altri. Ciò che non vuoi vivere oggi, vivrai domani. Però si tratta di passare a un'altra comparazione: la tecnica, oltre che strumento prodigioso e salutare per mille cose, che benediciamo ogni giorno, è anche un mezzo di distruzione. L'uso illimitato della tecnica, lo sviluppo incondizionato dei suoi strumenti, diventa un'arma letale, bisogna avere il coraggio di negoziare il suo disarmo, di circoscrivere le sue applicazioni. È necessario. Lo dicono e lo sottoscrivono anche eminenti maghi dell'Intelligenza artificiale, operatori pentiti, imprenditori, ricercatori ed esperti del settore. Denunciano il pericolo anche figure globali e rappresentative come Elon Musk, Bill Gates, Jack Ma di Alibaba e lo scienziato Stephen Hawking, prima di morire. Occorre ripristinare la sovranità sulla tecnica. L'Intelligenza artificiale è pericolosa, e fa paura. A dirlo, preoccupati, non sono teologi apocalittici, luddisti antimoderni o filosofi tradizionali, ma esponenti di quel mondo come i due padrini dell'Ia, Yoshua Bengio e Geoffrey Hinton, già insigniti di quello che viene definito il Nobel dell'informatica, il Turing Award. I pentiti dell'Ia lavoravano per i colossi dei social: Hinton ha lasciato Google, come Roger McNamee che aveva denunciato gli usi invasivi dell'Intelligenza artificiale, paragonandola alla tossicodipendenza. O Antonio García Martínez, altro cervello in fuga dal cervellone tecnologico, pentito di aver sviluppato quelle tecniche nocive.

Gli effetti prodigiosi delle sue applicazioni, la velocità con cui si propagano i suoi poteri e i suoi effetti, rendono sempre più difficile governare l'espansione tecnologica. A cavallo degli algoritmi, l'Intelligenza artificiale sta facendo passi da gigante nella sostituzione dell'intelligenza umana e va frenata, come si frenano le armi chimiche o letali. Intanto siamo sempre più indifesi dall'uso distorto o malvagio dell'Ia da parte di hacker privati o di organismi pubblici, servizi segreti, Stati canaglia, dittatori. Il fatto che l'Ia cancellerà migliaia di posti di lavoro è già di per sé un grave problema sociale, ma può essere forse compensato con strategie lungimiranti di ricollocazione e riconversione; più irreparabili sono i danni che può produrre sul piano della sicurezza, della libertà e soprattutto dell'intelligenza umana, della sua libertà e dignità.

Non abbiate timore dell'Intelligenza artificiale, rassicura invece Maurizio Ferraris. Il suo bersaglio polemico sono i conservatori, ritenuti apocalittici, antitecnologici, un po' heideggeriani e tanto stupidi. «Temere che una macchina possa prendere il potere», per Ferraris, «agitare lo spettro della Intelligenza artificiale onnipotente, è soltanto rivelare una nativa mancanza di intelligenza naturale. Ciò che è comprensibile in Albert Speer, ministro degli armamenti del Terzo Reich che a Norimberga si difese invocando l'onnipotenza dell'apparato tecnico tedesco, è inspiegabile in Heidegger, che ha rilanciato l'argomento, e nella turba di filosofi e non filosofi che lo hanno seguito». Dietro il Genio imbecille ci sarebbero, ci saremmo noi, che crediamo «alle favole del Golem, di Heidegger» e del malefico nazista di turno. Il quale, se per assurdo fosse in giro, vedrebbe nell'Intelligenza artificiale più un sostegno eugenetico alla sua volontà di potenza che un ostacolo: sarebbe con Ferraris più che con Heidegger. Le macchine tendono a portare via lavoro agli uomini? «Niente di male, se un lavoro può essere automatizzato, in genere è indegno di un umano».

Rassicurati come uomini evoluti e mortificati come dementi antimoderni, resta però la preoccupazione. È sciocco pensare che un giorno l'Intelligenza artificiale farà un colpo di Stato o instaurerà un regime schiavista e totalitario. Osserviamo la realtà presente e il suo contesto. Da una parte l'Intelligenza artificiale viene impiegata in ambiti sempre diversi e anche inquietanti; per esempio per generare, come denuncia il filosofo tedesco-coreano Byung-chul Han in *Infocrazia*, un regime di sorveglianza che trasforma l'intelligenza in *intelligence*. Dall'altra, spiegano Roberto Cingolani e Giorgio Metta, con l'Intelligenza artificiale avremo «robot in grado di comunicare tra loro e con gli umani, usando lo stesso linguaggio (verbale e gestuale), capaci di comprendere le situazioni fondamentali e persino di prendere piccole decisioni», possedendo tra i loro requisiti «autonomia», capacità di «cooperazione», «socialità», sorveglianza, sostegno, guida, «compagnia, addestramento, educazione e training» e «sostituzione degli umani in ambienti ostili o per lavori gravosi» (*Umani e umanoidi. Vivere con i robot*). Anzi, l'espressione robot è spregiativa, in ceco significa servitore, ma, visto lo scenario che si prospetta, i due esperti consigliano di definirli collaboratori, anzi «compagni universali dei cittadini».

Grazie all'Intelligenza artificiale e all'uso delle cellule staminali, sostengono in differenti studi James Lovelock ed Edoardo Boncinelli, supereremo l'amore naturale e tradizionale, arriveremo al polimorfismo sessuale e all'autogeneratività, fino a costruire «organismi perfettamente efficienti». Siamo ben oltre l'eugenetica. Ma nella sostituzione è garantita pure l'utopia amorosa: «Un prato cibernetico dove mammiferi e computer vivono assieme in reciproca armonia di programmazione [...] fratelli e sorelle mammiferi, tutti sorvegliati da macchine di amorevole grazia» (Richard Brautigan, poeta hippy visionario o allucinato). Orizzonti sposati da Salvatore Natoli nel suo *Il posto dell'uomo nel mondo*, che nota «l'estensione del dominio dell'artificiale sulle regioni della mente» fino «a modificare gli schemi cognitivi». Con il tempo, non di supporto tecnologico si tratterà, ma diventeremo sudditi del robot, e la nostra intelligenza sarà la cugina di campagna, la versione primitiva, rozza, naturalistica e periferica dell'Intelligenza artificiale.

Ne è un segnale il metaverso. Con il metaverso l'identità si volatilizza, l'avatar sostituisce la persona reale, si entra in un mondo parallelo, senza ricorrere alla fantasy letteraria o all'uso di stupefacenti. Qual è il pericolo di Metaverso? Ancora una volta la sostituzione. Un «semplice» social network sostituisce la realtà, si trasforma in universo parallelo in cui immergersi e abitare. La trasmutazione, l'accesso al cambiamento è permesso a chi si spoglia di sé e assume le vesti di un avatar, e va a vivere in questo altro mondo, ma restando comodamente sul sofà di casa. Finto viaggiare, finta socialità, vera solitudine stanziale, domestica. Poi, per edulcorare la pillola con le solite rassicurazioni umanitarie, si dice che il teletrasporto avvantaggia le persone svantaggiate, i disabili. Ma il problema è che rende disabili coloro che non lo sono, e disabilita al mondo reale per accedere nell'altro mondo. L'alibi solidale somiglia a quel che fanno gli scafisti e le ong, che per sbarcare clandestini si fanno scudo dei bambini. In Metaverso scompare anche la differenza tra vivi e morti, si può vivere in video oltre la morte, ma vale anche l'inverso, morire in vita, per andare ad abitare in questo altrove virtuale. Dietro tutto questo, nota Eugenio Mazzarella nel suo libro *Contro metaverso*, si cela una pulsione neognostica che disprezza il corpo, ha in odio la carne, detesta la realtà e la natura con i loro limiti. Refrattaria all'amore, aggiungiamo, e con i rischi di alienazione, dipendenze e perfino schiavizzazione. Si perde la distinzione tra reale e virtuale, tra umano, macchina e natura. Anzi, va smascherato l'uso improprio dell'espressione Intelligenza artificiale: non c'entra nulla l'intelligenza, che è intuizione, sensibilità, capacità di leggere dentro (*intus legere*) con la computazione automatizzata e artificiale. È un nome fuorviante che falsifica la realtà e la riduce a processi matematici. Ma nel mondo della tecnica vige purtroppo la legge di Gabor: ciò che si può fare, si deve fare, e comunque si farà. E aggiungiamo un corollario: se non lo fai tu, prima o poi lo faranno altri altrove, e si prenderanno loro i vantaggi. Dunque è vano opporsi? La questione non è arrestare o frenare il corso di alcuni processi, semmai saperli bilanciare: a chi ci spinge ad abitare altri mondi virtuali, va opposta la riscoperta del mondo reale, il mondo della storia e il mondo della natura, i mondi della tradizione e delle civiltà. Altri mondi abita già l'uomo in natura e in cultura, con il corpo, la mente e l'anima. Non lasciamoli atrofizzare.

Tutto quel che abbiamo detto fin qui potrebbe rientrare nel rischio dell'avventura umana, nella scommessa dell'intelligenza che sa osare, nella capacità di cavalcare la tigre della tecnica. L'uomo deve rischiare se vuol conoscere, migliorare le condizioni di vita, sviluppare la ricerca e i suoi risultati. Ma, se consideriamo il contesto in cui avviene questo processo, l'Intelligenza artificiale esonda e genera angoscia. La rapida espansione dell'Intelligenza artificiale coincide infatti con il declino altrettanto rapido dell'Intelligenza umana, delle sue connessioni vitali e mentali con la storia, con la tradizione, con il linguaggio, con la capacità di progettare il futuro e governare i cambiamenti. La regressione del pensiero, oltre che della religione, il declino dell'arte e l'atrofizzazione progressiva delle facoltà naturali, socievoli e intellettuali dell'uomo e un calo allarmante del quoziente intellettivo. Si realizza appieno quel «dislivello prometeico» di cui scriveva Günther Anders nell'*Uomo è antiquato*: cresce la tecnica e decresce la cultura, cresce l'artificiale e arretra il naturale, cresce il robot e declina l'uomo. S'ingigantisce la forbice tra tecnica e sapere, il mondo artificiale si espande mentre si contrae la nostra capacità di conoscerlo, di capirlo e di governare gli effetti. E se «l'uomo è antiquato» procediamo a sostituirlo.

Il pericolo non è il golpe delle macchine, l'autogoverno dell'Intelligenza artificiale, l'ammutinamento dei robot, ma la complice stupidità umana unita all'infatuazione per le macchine, alla perdita dell'umanità e al fatalismo tecnologico secondo cui non si può fermare o frenare nulla né cambiare corso. Se il procedere è automatico e inarrestabile, non c'è più libertà, intelligenza e dignità. Non è l'Intelligenza artificiale in sé il pericolo, ma la disumanizzazione radicale che si attua anche tramite essa. È una preoccupazione stupida? Se lo è, meglio restare stupidi ma umani che diventare idioti servitori e collaborazionisti del robot.

Insomma, non è l'Intelligenza artificiale in sé che spaventa, ma la paralisi progressiva dell'intelligenza, l'incapacità di padroneggiare le cause e gli effetti, il delirio di onnipotenza tecnologica unito all'idiozia meccanicistica, che sono complici entusiasti di un potere assoluto e potenzialmente totalitario, senza freni.

Qual è allora il pericolo dell'Intelligenza artificiale? La sostituzione del mondo reale, delle identità e della natura con una grande bolla in cui sparisce la realtà, e tutto ciò che la costituisce: la storia, il pensiero, la vita, la presenza, i corpi, la natura. Stiamo perdendo la terra sotto i piedi, stiamo perdendo la realtà. Al posto della vita i flussi informativi, al posto delle cose concrete i dati, al posto dell'universo i *Big Data*, al posto della terra *Google Hearth*, al posto del cielo il *Cloud*. Senza accorgercene, sta avvenendo una radicale sostituzione, ben oltre quella dei popoli europei con i flussi migratori, come sostiene lo scrittore francese Renaud Camus. Più profonda è la sostituzione del mondo reale, il mondo delle cose e della vita pensante, del cuore e della mente, con il mondo artificiale, come l'intelligenza e i tanti media che si frappongono tra noi e il mondo. Fino alla sostituzione dell'umano. Ma il peggio è che non ci badiamo, non ci pensiamo. Avviene, non possiamo sottrarci. Tutto appare così ineluttabile, automatico. La perdita della libertà è assoluta quando si vive la vita da automi.

Byung-chul Han descrive nel suo libro *Le non cose* «come abbiamo smesso di vivere il reale». Denuncia una trasformazione in corso come mai c'è stata e lancia un atto d'accusa al mondo contemporaneo, da conservatore apocalittico. Come è successo? La rivoluzione digitale ci ha reso tutti *infomani*. Non vediamo più le cose ma gli infomi. Guidati dagli algoritmi, non abbiamo più autonomia di pensiero e visione della realtà. Siamo collegati ma abbiamo smesso di avere legami.

Siamo allo stadio finale dell'alienazione. Dopo, c'è solo la scomparsa dell'umano. La mano che era il simbolo fattivo dell'umanità si fa inerte e cede al dito, che si addice all'era digitale. Dobbiamo premere tasti e non più maneggiare il mondo. Il dito apre gli accessi, avvia i percorsi prestabiliti, ci conduce in una dimensione fittizia, artificiale, irreale. L'*homo sapiens* è stato sostituito dal *phono sapiens*. Valvola di sfogo è il gioco, il divertimento. La storia è sostituita dallo *storytelling*, scompaiono i confini tra cultura e commercio, si perde ogni relazione tra cultura e comunità.

Lo scettro che ci rende all'apparenza sovrani e nella realtà schiavi di questo nuovo mondo ci è ormai familiare più di ogni altra cosa: è lo smartphone, che trasforma il mondo in informazione e la realtà in rappresentazione (veicolata). Lo smartphone ci sorveglia, e più ci sorveglierà man mano che si perfezionano le tecnologie. L'infosocietà non opprime, non sopprime la libertà – anche se pone sempre più divieti e censure –, ma la consuma, la svuota per poi riempirla dei propri input. La guida, la plasma, così la libertà nega se stessa. Scompaiono le cose, ma scompare anche l'altro nella relazione narcisistica e autistica con lo smartphone. L'Intelligenza artificiale è priva di mondo, non ha cuore, non ha pathos, non ha concetto: è sorda e cieca.

Sul piano delle icone, il passaggio decisivo secondo Han è dalla fotografia analogica a quella digitale. La foto stampata, in carta, è una cosa, patisce il degrado e la morte, come se fosse vivente. È un'emanazione della persona reale, ricorda, racconta una storia, un destino, ritrae un amore. La foto digitale, invece, elimina il referente, è autoreferenziale, istantanea, avulsa dal cammino del mondo. Il selfie è una non cosa, un'info, non va conservato per ricordare. Il ritratto analogico è silente ma parla, come una natura morta: il ritratto digitale è inespressivo, annuncia la fine dell'umano e non conosce morte né caducità.

Resta uno sciame di dubbi: è davvero così radicale il salto tra l'analogico e il digitale? Perché la tecnica che accompagna l'uomo solo ora scatena tutto il suo potenziale inumano? A parte gli indubbi vantaggi del digitale, abbiamo margini di reazione ai suoi effetti, abbiamo alternative, è possibile tornare indietro? E poi, è la tecnica a cambiarci o è l'uomo stesso a servirsi della tecnica per mutarsi fino a sopprimersi e predisporsi a un'altra dimensione postumana?

Quel che Han rileva della società digitale, Heidegger già lo notava nel suo tempo con l'uso della macchina da scrivere, scorgendo già allora il predominio del dito che pigia sulla mano che afferra e modifica; eppure non eravamo ancora in un'era digitale e il prodotto era una cosa, un foglio scritto. Il computer perfezionerà quel passaggio, ma Heidegger notava il ruolo alienante della macchina da scrivere. A ritroso nei millenni, Platone narra nel *Fedro* il mito di Theuth: già nella scrittura vede il declino dell'umana facoltà di tenere a mente, trasmettere tramite la parola viva. La scrittura non serve a ricordare, nota Platone, ma a dimenticare, lasciando traccia solo negli scritti. Da ciò verrà fuori una falsa sapienza, conosceremo «l'apparenza, non la verità». Insomma, quel processo ha origini lontane, s'intreccia alla storia dell'uomo e della tecnica: il digitale è solo l'ultimo stadio finora conosciuto. Come i polpi hanno un cervello nei tentacoli, anche gli uomini avranno il loro cervello nel dito? Come in una *Creazione* di Michelangelo a rovescio, dell'uomo alla fine resterà solo il dito?

I precedenti citati, per molti versi, sono rassicuranti, ma l'accelerazione progressiva non dà più il tempo di riflettere, compensare e metabolizzare le trasformazioni. La vertigine è il preludio alla perdita dell'equilibrio.

La questione scientifica si fa questione filosofica. La scienza non è fede ma ricerca, non è una religione con i suoi dogmi e i suoi comandamenti, non obbliga a seguire i suoi percorsi, ma va sottoposta al vaglio critico. Sapere è potere, diceva Bacone, e lo ripete da secoli lo scientismo militante. È vero, ma ci sono anche altre due forme importanti di sapere: da una parte c'è il *sapere di non sapere*, ossia la consapevolezza che ci sono cose che non sappiamo e non potremo sapere: è il «so di non sapere» di Socrate, la dotta ignoranza di Niccolò Cusano.

E dall'altra parte c'è il *sapere di non potere*, ovvero la coscienza dei propri limiti: non tutto è possibile, bisogna avere il coraggio e l'umiltà di fermarsi, di mettere a freno la volontà di potenza e di onnipotenza e saper commisurare vantaggi e danni per l'umanità e per il mondo. Non perdere mai di vista lo scopo, l'intero, la vita umana. Invece il dogma del processo inarrestabile determina un'espansione automatica, inesorabile, dell'Intelligenza artificiale e di ogni genere di facoltà, pratica e conoscitiva. Che nessuno oggi ha la forza di frenare e l'intelligenza di farlo. Al più si può fuggire spaventati, come fanno i cervelli in fuga dal cervellone.

Qui veniamo al punto cruciale della questione: cosa manca all'Intelligenza artificiale rispetto all'intelligenza umana? L'Intelligenza artificiale non sa cos'è l'amore, non prova né suscita amore, non è in grado di esprimerlo e nemmeno di imitarlo. L'amore è vita, e tutto ciò che vive viene da un vivente, *omne vivum ex vivo* diceva lo scienziato seicentesco Francesco Redi. Non può venire da un dispositivo. L'amore è il movente, l'impulso originario, volontario e necessario, che ci muove. L'Intelligenza artificiale può essere mossa dalla potenza, nasce automatica ma rischia di farsi autonoma, *causa sui*, ormai affrancata dall'umana volontà. Il meccanicismo ci espelle dalla decisione, procede per conto suo.

Prima di arrivare al punto di non ritorno, cosa resta ancora di umano che non riesce a fare nessuna macchina o cervello artificiale? L'inizio, l'iniziativa, l'inizializzazione. Torniamo dove eravamo partiti: se non ci fosse stato l'amico Mauro a dare quell'input al suo smartphone, se non avesse avuto quell'idea e preso quell'iniziativa, servendosi di uno strumento pur sempre costruito, assemblato, inizializzato, venduto da umani, non ci sarebbe stato il resto. Dunque il primo movente è umano e coincide con la facoltà di dare inizio, con la decisione, l'intuizione originaria, l'imprimere il primo moto. Ciò che finora l'automa non riesce a generare è l'originalità, lo spirito critico e autocritico, il conato originario, l'ispirazione poetica, la facoltà visionaria e metafisica, lo slancio spirituale, la deviazione di pensiero non conforme, non convenzionale, l'imprevedibile e il sorprendente. La fede. La macchina non si autocrea, non si autodetermina, non ricerca e non agisce «di testa sua». C'è un moto iniziale, una forza originaria e misteriosa: lo chiamiamo conato d'amore. Non c'è definizione migliore per alludere a un moto originario di attrazione e collegamento che governa l'universo, la vita, le relazioni, che ci ispira e ci spinge a vivere, a riprodurci, a espanderci e a conservarci in tutti i contesti vitali, biologici e spirituali, corporali e mentali. L'universo ubbidisce all'impulso d'amore. E muove gli uomini, gli animali, le piante, la gravità, i corpi celesti.

Il criterio generale della nuova rivoluzione tecnologica indotta dall'Intelligenza artificiale è la sostituzione del mondo reale, della natura, dell'umano. La legge che governa l'amore è invece l'insostituibilità. Chi ama reputa insostituibile l'oggetto del suo amore: ama quello, proprio quello, non è commutabile. Ama quell'essere, per l'eternità. L'insostituibilità presuppone il riconoscimento dell'identità e della differenza, assente nella macchina. L'amore è amor dell'Essere.

Ma c'è un altro aspetto importante: l'orizzonte del mondo virtuale e artificiale è la solitudine globale sotto la specie dell'indipendenza e dell'autosufficienza; amare, invece, è l'opposto della solitudine, è apertura, desiderio di unione, di fusione, relazione e comunanza. Un'Intelligenza artificiale potrà simulare l'amore, imitarlo anche nei suoi processi, ma non potrà amare né dare l'impulso a iniziare; qualcuno lo accende, lo mette in moto, non conosce lo stato nascente. L'amore è quanto di più umano, misterioso, naturale e soprannaturale, divino ci sia al mondo. Irriducibile a un'Intelligenza artificiale. L'amore, dicevamo, si fonda sull'insostituibilità dell'essere amato, laddove il principio dell'Intelligenza artificiale è, al contrario, la sostituibilità, l'intercambiabilità, la neutralità funzionale dei soggetti. Magari si troveranno i modi per surrogare l'amore, ci saranno simulazioni d'amore, processi imitativi dell'impulso amoroso, ma l'amore è un moto originario, deriva da una mente e da un cuore, umani, universali, mossi da impulsi e ispirazioni non pianificabili: l'attrazione erotica, il senso del bello, la sensibilità d'animo. L'amore surrogato, invece, vive di supplenze, necessita di qualcuno che «insemini artificialmente», riproduca.

L'amore presuppone il cuore pensante e la mente emotiva, assenti nell'Ia, e il sentimento di fusione, il desiderio di proiezione e l'aspirazione, il proponimento, lo scopo. L'amore non è cartesiano.

Quel che ci distingue dall'Intelligenza artificiale è dunque l'amore. La riscoperta dell'amore ci protegge dalla sua pericolosa ingerenza, come l'assenza d'amore favorirà la supremazia della macchina sull'uomo. Ma non solo: tutte le forme significative che resistono al dominio dell'Intelligenza artificiale – l'ispirazione poetica, l'originalità creativa, il pensiero intuitivo, non convenzionale, la vena ironica, il senso del comico e il paradosso, la commozione – provengono dall'intelligenza in amore.

Tra l'Intelligenza artificiale e l'intelligenza naturale c'è un ponte con due corsie: l'intelligenza scientifica e l'intelligenza critica, l'una fondata sulla ricerca e sulla scoperta, l'altra sulla capacità di valutare e selezionare. Ma il ponte necessario che consente il collegamento è quel che Dante Alighieri definiva «intelletto d'amore». L'amore muove l'intelletto e mette a frutto i suoi risultati, al di là del calcolo, della forza e della coazione a procedere.

Tutto questo in concreto che significa, cosa implica? La necessità di collocare l'Intelligenza artificiale e i suoi prodotti dentro un contesto, un perimetro e una scala, mentre la tendenza corrente è lasciare che sia essa a determinare il contesto e la scala. L'amore agisce sui fini, la tecnica espande i mezzi. Di questa istanza, finora è emersa solo la necessità di dotarsi di codici di condotta e regolamenti: è un segnale, ma troppo flebile. Occorre lungimiranza, più sapere umanistico, più umanità, e l'amore come principio motore dell'universo che precede ogni manufatto. La differenza tra l'intelligenza umana e l'Intelligenza artificiale è che la prima ha la motivazione del suo vivere e agire e dei suoi scopi in se stessa, mentre l'artificiale no. Almeno finora. Se e quando sarà superato quel *finora*, allora l'umanità cederà il posto ad altro. Ma, parafrasando Epicuro, finché noi ci siamo lei non c'è, quando lei ci sarà noi non ci saremo. Finché siamo, resta l'amore che muove il sapere e frena il potere, cura l'Essere e trascende l'avere.

# Bibliografia


Agostino, *Commento alla prima lettera di Giovanni*, Roma, Città Nuova, 2005.

Dante Alighieri, *Vita nova*, Roma, Salerno, 1996.

Dante Alighieri, *La Divina Commedia*, Roma, Salerno, 2021.

Günther Anders, *L'uomo è antiquato. Considerazioni sull'anima nell'era della seconda rivoluzione industriale*, Milano, ilSaggiatore, 1963.

Aristotele, *Etica eudemia* ed *Etica nicomachea*, in *Le tre etiche*, Milano, Bompiani, 2008.

Wystan Hugh Auden, *La verità, vi prego, sull'amore*, Milano, Adelphi, 1994.

Alain Badiou, *Elogio dell'amore*, Vicenza, Neri Pozza, 2013.

Roland Barthes, *Dove lei non è*, Torino, Einaudi, 2010.

Roland Barthes, *Frammenti di un discorso amoroso*, Torino, Einaudi, 2014.

Georges Bataille, *Limite dell'utile*, Milano, Adelphi, 2000.

Denis Brian, *Einstein: A life*, New York, Wiley, 1997.

Giordano Bruno, *Eroici furori*, Roma-Bari, Laterza, 2007.

Gesualdo Bufalino, *Calende greche*, Milano, Bompiani, 2002.

Cristina Campo, *Il flauto e il tappeto*, Milano, Rusconi, 1971.

Cristina Campo, *La tigre assenza*, Milano, Adelphi, 1991.

Albert Camus, *Taccuini*, Milano, Bompiani, 2018.

Roberto Cingolani, Giorgio Metta, *Umani e umanoidi. Vivere con i robot*, Bologna, il Mulino, 2015.
Emily Dickinson, *Tutte le poesie*, Milano, Mondadori, 2022.
Hans-Peter Dürr, con Raimon Panikkar, *L'amore fonte originaria dell'universo. Un dialogo su scienza della natura e religione*, Roma, La parola, 2010.
Ralph Waldo Emerson, *Natura e altri saggi*, Milano, Rizzoli, 1990.
Esiodo, *Teogonia*, Roma, Società Editrice Dante Alighieri, 2014.
Federico Faggin, *Irriducibile. La coscienza, la vita. I computer e la nostra natura*, Milano, Mondadori, 2022.
Marsilio Ficino, *Sopra lo amore ovvero Convito di Platone*, Milano, SE, 2013.
Alain Finkielkraut, *Un cuore intelligente*, Milano, Adelphi, 2011.
Pavel Florenskij, *La colonna e il fondamento della verità*, Milano, Rusconi, 1974.
Francesco d'Assisi, *Il Cantico delle creature*, Roma, Castelvecchi, 2017.
James Frazer, *Il ramo d'oro. Studio della magia e della religione*, Torino, Bollati Boringhieri, 2012.
Sigmund Freud, *Il disagio della civiltà e altri saggi*, Torino, Bollati Boringhieri, 2012.
Erich Fromm, *L'arte di amare*, Milano, Mondadori, 1996.
Hans-Georg Gadamer, *Verità e metodo*, Milano, Bompiani, 2000.
Giovanni Gentile, *Genesi e struttura della società. Saggio di filosofia pratica*, Firenze, Vallecchi, 2020.
André Gorz, *Lettera a D. Storia di un amore*, Palermo, Sellerio, 2008.
Byung-chul Han, *Le non cose. Come abbiamo smesso di vivere il reale*, Torino, Einaudi, 2022.
Byung-chul Han, *Infocrazia. Le nostre vite manipolate dalla rete*, Torino, Einaudi, 2023.
Etty Hillesum, *Diario*, Milano, Adelphi, 1985.
James Hillman, *L'anima del mondo e il pensiero del cuore*, Milano, Adelphi, 2002.
John Maynard Keynes, *Trattato sulla probabilità*, Bologna, Clueb, 1994.

Gotthold Ephraim Lessing, *Nathan il Saggio*, Milano, Garzanti, 2007.
Emmanuel Lévinas, *Il tempo e l'altro*, Milano-Udine, Mimesis, 2022.
Lucrezio, *De rerum natura*, Torino, Einaudi, 2023.
Gabriel Marcel, *Tu non morirai*, Roma, Casini, 2005.
Piero Martinetti, *L'amore*, Genova, Il Nuovo Melangolo, 1998.
Eugenio Mazzarella, *Contro metaverso. Salvare la presenza*, Milano-Udine, Mimesis, 2022.
Salvatore Natoli, *Il posto dell'uomo nel mondo. Ordine naturale, disordine umano*, Milano, Feltrinelli, 2022.
Friedrich Nietzsche, *Ecce Homo. Come si diventa ciò che si è*, Milano, Adelphi, 1969.
Friedrich Nietzsche, *Così parlò Zarathustra. Un libro per tutti e per nessuno*, Milano, Adelphi, 1976.
Friedrich Nietzsche, *La gaia scienza e Idilli di Messina*, Milano, Adelphi, 1977.
Novalis, *Frammenti*, Lanciano, Carabba, 2009.
José Ortega y Gasset, *Saggi sull'amore*, Milano, SugarCo, 1982.
Ovidio, *Le metamorfosi*, Milano, Rusconi, 2022.
Blaise Pascal, *Le provinciali*, Torino, Einaudi, 2008.
Pier Paolo Pasolini, *Poesia in forma di rosa*, Milano, Garzanti, 2015.
Pier Paolo Pasolini, *La nuova gioventù. Poesie friulane 1941-1974*, Milano, Garzanti, 2016.
Fernando Pessoa, *Il poeta è un fingitore. Citazioni scelte da Antonio Tabucchi*, Milano, Feltrinelli, 1988.
Fernando Pessoa, *Il libro dell'inquietudine*, Milano, Feltrinelli, 2020.
Francesco Petrarca, *De ignorantia. Della mia ignoranza e di quella di molti altri*, Milano, Mursia, 1999.
Platone, *Apologia di Socrate*, *Critone*, *Fedone*, *Fedro*, *La repubblica*, *Le leggi*, *Politico*, *Simposio*, in *Opere complete*, Roma-Bari, Laterza, 1982.
Plotino, *Enneadi*, Milano, Rusconi, 1999.
Ezra Pound, *Canti pisani*, Milano, Garzanti, 2015.
Giuseppe Prezzolini, *Dio è un rischio*, Milano, Longanesi, 1969.

Marcel Proust, *La prigioniera*, in *Alla ricerca del tempo perduto*, v, Milano, Mondadori, 2013.
Gialāl ad-Dīn Rūmī, *Poesie mistiche*, Milano, Rizzoli, 1980.
Max Scheler, *Ordo Amoris*, Brescia, Morcelliana, 2008.
Arthur Schopenhauer, *Il mondo come volontà e rappresentazione*, Roma-Bari, Laterza, 2009.
Georg Simmel, *Sull'amore*, Roma, Donzelli, 2001.
Vladimir Solov'ëv, *Il significato dell'amore*, Milano, Edilibri, 2003.
Baruch Spinoza, *Etica*, Torino, Bollati Boringhieri, 2021.
Ugo Spirito, *La vita come amore. Il tramonto della civiltà cristiana*, Firenze, Sansoni, 1953.
Gustave Thibon, *Il tempo perduto, l'eternità ritrovata. Aforismi sapienziali per un ritorno al reale*, Crotone, D'Ettoris, 2019.
Gustave Thibon, *L'invisibile luce. Aforismi sapienziali per una redenzione del tempo*, Crotone, D'Ettoris, 2022.
Paul Valéry, *Quaderni*, v, Milano, Adelphi, 2002.
Marcello Veneziani, *La sposa invisibile*, Roma, Fazi, 2006.
Marcello Veneziani, *Amor fati*, Milano, Mondadori, 2009.
Marcello Veneziani, *Dio patria e famiglia*, Milano, Mondadori, 2012.
Giambattista Vico, *Le orazioni inaugurali*, Roma, Edizioni di storia e letteratura, 2013.
Giambattista Vico, *De nostri temporis studiorum ratione*, Roma, Edizioni di storia e letteratura, 2022.
Simone Weil, *La prima radice. Preludio a una dichiarazione dei doveri verso la creatura umana*, Milano, Edizioni di Comunità, 1954.
Simone Weil, *La Grecia e le intuizioni precristiane*, Milano, Rusconi, 1974.
Simone Weil, *Quaderni*, II-IV, Milano, Adelphi, 1985-1988.
Simone Weil, *Poesie*, Firenze, Le Lettere, 1993.
Simone Weil, *Primi scritti filosofici*, Torino, Marietti, 1999.
Simone Weil, *L'ombra e la grazia*, Milano, Bompiani, 2002.
Simone Weil, *La rivelazione greca*, Milano, Adelphi, 2014.
María Zambrano, *L'uomo e il divino*, Brescia, Morcelliana, 2022.
Elémire Zolla, *Uscite dal mondo*, Milano, Adelphi, 1992.

Stampato da
Grafica Veneta S.p.A., Trebaseleghe (PD)
per conto di Marsilio Editori® in Venezia



EDIZIONE

10 9 8 7 6 5 4 3 2 1

ANNO

2023 2024 2025 2026 2027